Dr. Hagen Hirschmann

# Meilensteine Deutsch 6
## Grammatik

Hallo,
wir sind Marie und Leon.
Wir geben dir Hinweise
und Tipps.

Auf S. 62/63 findest
du Erklärungen zu
Fachbegriffen.

Ernst Klett Verlag
Stuttgart · Leipzig

# Das Verb – die Verbtypen

Verben sind wichtig für die Bildung von Sätzen, denn aus ihnen setzt sich das Prädikat zusammen.

Man unterscheidet Verben vor allem danach, **wie** sie das Prädikat bilden.

Die einfachste Art ist, dass das Prädikat nur aus einem Vollverb besteht.

Vollverben bezeichnen eine Tätigkeit (**Leon schwimmt.**),

einen Vorgang (**Das Wasser fließt.**) oder

einen Zustand (**Das Bild hängt an der Wand.**).

Vollverb:  **Leon  schläft  gerade.**  → Infinitiv: **schlafen**

**Leon  schläft  gerade  ein.**  → Infinitiv: **einschlafen**

Wie du an dem zweiten Beispiel siehst, kann das Vollverb auf zwei Stellen im Satz aufgeteilt sein. Es ist wichtig, dass du beide Teile als zum Verb gehörig erkennst.

Jedes Verb kannst du mit **-en** oder **-n** in den Infinitiv (die Grundform) setzen:

**Leon schwimmt.** → **schwimmen**   **Marie hämmert.** → **hämmern**

Achte darauf, ob sich Bestandteile wie **auf**, **unter**, **zu** oder **ab** mit den Verbstämmen verbinden, wenn du die Grundform bildest!

**1** Lies den Text und schreibe alle Verben im Infinitiv (Grundform) auf.
Pro Zeile gibt es immer genau ein Verb.

**Verb im Infinitiv**

1. Leon schaut Marie bei einem Hockeyspiel zu.     zuschauen

2. Zuerst schießt Maries Team ein Tor.     _____

3. Dann folgt ein weiteres Tor ihrer Mannschaft.     _____

4. Fünf Minuten darauf punktet das gegnerische Team.     _____

5. Jetzt geht das Spiel erst richtig los:     _____

6. Die Gegner treffen zweimal hintereinander das Tor!     _____

7. Leon und einige der anderen Gäste rufen laut:     _____

8. „Na los, weiter, das schafft ihr!"     _____

9. Zum Ende des Spiels gleicht Maries Team noch aus.     _____

Neben den Vollverben gibt es noch drei andere Typen von <u>Verben</u>:

1. Hilfsverben
   **Leon <u>hat</u> gerade geschlafen.**      **Marie <u>wird</u> bald einschlafen.**
   Hilfsverben bilden Zeitformen (Tempora). Sie verbinden sich immer mit einem anderen Verb, meist einem Vollverb. Als Hilfsverben stehen die Verben **<u>haben</u>**, **<u>sein</u>** und **<u>werden</u>** zur Verfügung.

2. Modalverben
   **Leon <u>will</u> endlich schlafen.**      **Marie <u>kann</u> nicht einschlafen.**
   Modalverben gehen immer mit einem Vollverb zusammen. Sie fügen dem Prädikat eine Bedeutung hinzu. Als Modalverben stehen die Verben **<u>wollen</u>**, **<u>können</u>**, **<u>müssen</u>**, **<u>dürfen</u>**, **<u>möchten</u>** bzw. **<u>mögen</u>** und **<u>sollen</u>** zur Verfügung.

3. Kopulaverben
   **Leon <u>ist</u> gesund.**      **Marie <u>wird</u> immer klüger.**      **Leon <u>ist</u> ein guter Schüler.**
   Kopulaverben gehen immer mit einem <u>Adjektiv</u> (wie **gesund** oder **klug**) oder einem <u>Nomen</u> (wie **Schüler**) zusammen. Sie bilden mit ihnen das Prädikat.

**2** Die Prädikate in den folgenden Sätzen sind mehrteilig. Sie enthalten jeweils ein Hilfsverb, ein Modalverb oder ein Kopulaverb und zusätzlich das Vollverb. Unterstreiche das jeweilige Verb. Schreibe darunter, ob es sich um ein Hilfsverb, ein Modalverb, ein Kopulaverb oder ein Vollverb handelt.

Marie <u>will</u> eigentlich aus dem Haus <u>gehen</u>, denn sie hat gestern Pablo, den Hund

**Modalverb**          **Vollverb**

ihrer Freundin Mia, zur Pflege bekommen. Mia hat ihr erklärt, dass Pablo mehrmals

am Tag an der Leine um den Block oder in einen Park gehen muss.

Sonst wird er traurig. Aber Maries Mutter ist streng:

Marie darf Pablo erst ausführen, wenn sie ihre Hausaufgaben

erledigt hat. „Ich werde mich sehr beeilen, dann können wir bald

losgehen", will sie zu Pablo sagen. Doch sie ist sich sicher,

dass Pablo es auch ohne Worte verstehen wird.

# Das Verb – der Modus des Verbs

Jedes Verb ist nach Person, Numerus, Tempus, Modus und Genus Verbi konjugierbar (veränderbar, beugbar).

Der Modus des Verbs hat nur zwei Unterscheidungen: den Indikativ und den Konjunktiv. Dadurch wird bestimmt, wie man einen Satz zu verstehen hat:
Steht das Verb im Satz im Indikativ, so versteht man den Satz als direkte Aussage.
Steht das Verb im Konjunktiv, so ist die Aussage wiedergegeben. Diese Art des Konjunktivs nennt man auch Konjunktiv I. In der dritten Person Singular bildest du ihn, indem du den Verbstamm (das Verb ohne Endung) nimmst und ein **-e** anfügst.

| Modus: Indikativ | Modus: Konjunktiv I |
|---|---|
| **Leon sagt: „Pablo hat nicht gehört."** | **Leon sagt, Pablo habe nicht gehört.** |
| **Marie meint: „Leon malt ein Bild."** | **Marie meint, Leon male ein Bild.** |

**1** Bilde aus den Indikativformen den Konjunktiv I, indem du den Verbstamm aufschreibst und dann ein -e anfügst.

| Indikativ | Verbstamm | Konjunktiv I |
|---|---|---|
| 1. Es riecht komisch. | riech- | Marie sagt, es rieche komisch. |
| 2. Pablo rennt schnell. | | Leon sagt, |
| 3. Es schneit heute. | | Marie sagt, |
| 4. Es gibt Hitzefrei. | | Leon sagt, |

Der Konjunktiv kann aber auch dazu dienen, einen Satz als nicht wahr oder als Wunschvorstellung zu kennzeichnen. Man nennt diese Art des Konjunktivs Konjunktiv II. Vergleiche die Formen des Konjunktivs II mit denen des Konjunktivs I auf der linken Seite.

| Modus: Indikativ | Modus: Konjunktiv II |
|---|---|
| **Leon sagt: „Pablo hat nicht gehört."** | **Leon sagt, Pablo hätte nicht gehört.** (Pablo hat aber gehört.) |
| **Marie meint: „Leon malt ein Bild."** | **Marie meint, Leon malte ein Bild.** (Leon malt aber kein Bild.) |

**2** Leon hat beobachtet, dass ein Junge seiner kleinen Schwester ein Stück Kuchen weggenommen hat. Leon sorgt dafür, dass der Junge das Kuchenstück mit seiner Schwester teilt. Später spricht er darüber mit Marie.
Beantworte zuerst die Fragen auf der rechten Seite und schreibe dann die korrekten Formen der Verben in die Lücken.

Aufgepasst:
Alle Verben, bei denen du „nein" ankreuzt, müssen im Konjunktiv II stehen. Die anderen stehen im Indikativ.

Leon sagt:

„Das __hätte__ (haben) er wohl gerne, alles für sich zu behalten!

_____ (sein) ich an seiner Stelle,

_____ (geben) ich auch noch

den Rest des Kuchens ab.

Ich _____ (können) es kaum

glauben! Wenn meine Schwester

schon drei Kuchenstücke gegessen

_____ (haben) und der Junge

keines, _____ (können) ich

verstehen, dass der Junge das ganze Stück

für sich _____ (will)."

Marie denkt:

|  | ja | nein |
|---|---|---|
| Behält der Junge alles für sich? | ☐ | ☒ |
| Ist Leon an der Stelle des Jungen? | ☐ | ☐ |
| Gibt Leon dem Mädchen den Rest? | ☐ | ☐ |
| Kann Leon es kaum glauben? | ☐ | ☐ |
| Hat das Mädchen drei Stück Kuchen gegessen? | ☐ | ☐ |
| Versteht Leon den Jungen? | ☐ | ☐ |
| Will der Junge das ganze Stück für sich? | ☐ | ☐ |

# Das Verb – das Partizip

Jedes Verb kann ein Partizip bilden:
**backen – gebacken**, **laufen – gelaufen**, **tanzen – getanzt**, **trennen – getrennt**

In den Beispielen ist der Verbstamm unterstrichen. Behalte den Verbstamm und füge vorne **ge-** und hinten **-(e)t** oder **-en** an, um das Partizip zu bilden.
Das Partizip wird für verschiedene sprachliche Ausdrücke benötigt:

1. Perfekt
   **fragen** → **Du hast gefragt.**          **laufen** → **Du bist gelaufen.**
2. Plusquamperfekt
   **malen** → **Du hattest gemalt.**          **kommen** → **Du warst gekommen.**
3. Passiv
   **trennen** → **Die Flüssigkeiten werden von der Lösung getrennt.**

**1** In den folgenden Fällen ist der Verbstamm unterstrichen. Bilde das Partizip.
Vergleiche deine Form mit den drei Möglichkeiten, das Partizip zu verwenden
(blauer Kasten), und schreibe die zutreffende Verwendungsart auf.

1. Marie kauft Klamotten.   → Marie hat Klamotten *gekauft* _____.

   Verwendung: *Perfekt* _____

2. Leon öffnet das Fenster. → Das Fenster wird von Leon _____.

   Verwendung: _____

3. Marie malt ein Bild.     → Marie hatte das Bild _____.

   Verwendung: _____

Vorsicht: Bei den folgenden Fällen kann es sein, dass du den Vokal im Stamm ändern musst (**treffen** → **getroffen**) oder kein **ge-** vorne angefügt werden kann (**verändern** → **verändert**).

4. Leon verrät den Trick.   → Leon hatte den Trick _____.

   Verwendung: _____

5. Marie singt ein Lied.    → Das Lied wird von Marie _____.

   Verwendung: _____

# Das Verb – das Passiv

Zu Verben im Aktiv (wie **wissen**, **kaufen**, **schenken**) kann immer eine Passivform
gebildet werden (z. B. **wird gewusst**, **ist gekauft**, **wurde geschenkt**).
Das Passiv wird mit den Hilfsverben **werden** oder **sein** und einem Partizip gebildet.
Es gibt drei Möglichkeiten:
1. Vorgangspassiv:
   **Marie streichelt die Katze.** → **Die Katze wird (von Marie) gestreichelt.**
2. Zustandspassiv:
   **Leon hat sein Zimmer gestrichen.** → **Das Zimmer ist gestrichen.**
3. Unpersönliches Passiv:
   **Alle tanzen.** → **Es wird getanzt.**     oder     **Jetzt wird getanzt.**

**1** Lies den folgenden Text und unterstreiche alle Passivformen. Schreibe unter jeden Satz
mit einem Passiv, um welche Art des Passivs es sich handelt.

Achte darauf, dass zum Passiv immer
eine Form von **werden** (Vorgangspassiv) oder **sein**
(Zustandspassiv) sowie ein Partizip gehören.

Leon wird heute von Marie besucht. Sie wollen gemeinsam einen Kuchen backen.

Vorgangspassiv

Marie hat schon diverse Zutaten eingekauft. Die restlichen Dinge werden von den beiden

in Leons Küche zusammengesucht. „Zunächst werden alle Zutaten in einen Topf gegeben",

liest Marie laut aus ihrem Rezeptbuch vor. „Dann wird alles gut vermengt. Anschließend

kommt die Masse in die Backform. Die ist bereits eingefettet. Das Ganze wird dann

30 Minuten bei 180 Grad gebacken." Sie machen alles, wie es von Marie beschrieben wurde.

Es wird gerührt, bis Marie und Leon die Arme wehtun. Als der Kuchen fertig ist, sagt Leon:

„So, jetzt wird gegessen!"

## Das Nomen

Das Nomen bezeichnet unterschiedliche Dinge in der Welt:
Gegenstände (**der Stuhl**, **das grüne Gras**, **ein Zettel**), Personen oder Tiere (**Leon**, **meine Katze**), Gefühle (**die Liebe**, **deine Zuneigung**, **große Angst**) oder abstrakte Ideen (**dieses Vertrauen**, **eine Vorstellung**). Wie die Beispiele zeigen, kann man vor Nomen Artikelwörter und Adjektive stellen. Nomen werden immer großgeschrieben.

**1** Vorsicht: In den folgenden Sätzen sind alle Wörter bis auf die Satzanfänge kleingeschrieben! Nomen müssen aber großgeschrieben werden.
Unterstreiche in jedem Satz drei Nomen und schreibe sie noch einmal korrekt auf.

Beachte, dass auch Namen wie **Leon** Nomen sind, obwohl vor ihnen kein Artikel steht.

Nomen erkennt man gut, wenn sie von einem Artikel begleitet werden. Wenn kein Artikel steht, kann man im Kopf einen hinzufügen.

1. Unser <u>leon</u> freut sich schon sehr auf den <u>urlaub</u> mit seiner <u>familie</u>.

   Leon _____   Urlaub _____   Familie _____

2. Dann will er mit seinem vater auf dem see ruderboot fahren gehen.

   _____   _____   _____

3. Er hat marie schon viele male von der schönen natur vorgeschwärmt.

   _____   _____   _____

4. Nächstes jahr, hat seine mutter vorgeschlagen, könnte seine freundin mitfahren.

   _____   _____   _____

5. Das hängt natürlich in erster linie von der einwilligung ihrer eltern ab.

   _____   _____   _____

6. Aber bisher konnten die kinder auf solche vorschläge immer mit ihrer zustimmung rechnen.

   _____   _____   _____

# Das Nomen – die Nominalisierung

Einige <u>Nomen</u>, die wir verwenden, sind ursprünglich andere Wörter, zum Beispiel <u>Adjektive</u>:
**Das ist <u>gut</u>.** (Adjektiv) → **Das <u>Gute</u> daran ist, dass Marie sich freut.** (<u>Nomen</u>)

Auch <u>Verben</u> können als Nomen verwendet werden:
**Du sollst nicht <u>weggehen</u>.** (Verb) → **Dein <u>Weggehen</u> ist traurig.** (<u>Nomen</u>)
Man nennt diesen Vorgang <u>Nominalisierung</u>.

**1** In jedem der folgenden Sätze gibt es ein Nomen, das durch Nominalisierung eines Verbs oder Adjektives entstanden ist. Unterstreiche es und schreibe es in seiner ursprünglichen Form noch einmal auf. Benenne außerdem seine ursprüngliche Wortart.

1. Marie ist die <u>Jüngste</u> in der Klasse.

   Nominalisiertes Wort: jung (Adjektiv) _____

2. Das Spielen mit Pablo macht Marie und Leon viel Spaß.

   Nominalisiertes Wort: _____

3. Marie versucht, beim Laufen besonders schnell zu sein.

   Nominalisiertes Wort: _____

4. Marie versucht sogar, die Schnellste zu sein.

   Nominalisiertes Wort: _____

**2** Schreibe jeweils das in der Klammer stehende Wort als Nomen auf. Achte dabei auf die Großschreibung und die richtige Beugung.

1. Leon hat das Warten _____ (warten) auf den Bus satt.

2. Marie ist die _____ (besser) im

   _____ (malen).

3. Leon nimmt den Fußball im _____ (laufen) an.

4. Pablo wird wegen seiner Farbe „der _____ (braun)" genannt.

5. Beim _____ (schreiben) kommt Marie ins

   _____ (grübeln).

# Das Nomen – zusammengesetzte Nomen

Das Nomen kann aus mehreren Wörtern zusammengesetzt und deshalb sehr lang werden:

**Haus + Tür = Haustür**          **Haustür + Schlüssel = Haustürschlüssel**

Wichtig ist, dass es sich trotzdem nur um **ein** Wort handelt. Deshalb schreibt man zusammengesetzte Wörter immer zusammen. Manchmal wird bei der Zusammensetzung ein **-s-** gesprochen. Dann muss es auch geschrieben werden.

**1** Bilde aus den Wörtern ein neues Nomen und schreibe es richtig zusammen.

Beachte:
Jedes Nomen muss großgeschrieben werden, auch wenn sein erster Bestandteil kein Nomen ist.

1. Leons Familie will Marie dieses Jahr zu ihrer <u>Urlaubsreise</u> mitnehmen.
   (Urlaub + s + Reise)

2. Maries Eltern fragen Marie, ob sie dann auch kein _____ bekommt.
   (heim + Weh)

3. Marie lacht: „Ich glaube eher, ihr bekommt _____ nach mir!".
   (Sehnsucht + s + Weh)

4. Maries Mutter gibt zurück: „Ja, das stimmt wohl.

   Du kannst uns ja ein _____ machen.
   (Abschied + s + Geschenk)

5. Dann wird der _____ vielleicht nicht ganz so schlimm."
   (Trennung + s + Schmerz)

6. „Und ihr backt einen _____, wenn ich nach Hause komme!",
   (Streusel + Kuchen)

   schlägt Marie vor.

7. „Dann ist die _____ umso größer!"
   (wiedersehen + s + Freude)

# Das Nomen – der Artikel

Der bestimmte Artikel **der**, **die** oder **das** kann immer vor das Nomen gesetzt werden. Man erkennt daran das Genus (Geschlecht) des Nomens:
**der neue Stuhl** → Maskulinum (männlich), **die weiche Decke** → Femininum (weiblich),
**das dünne Papier** → Neutrum (sächlich).
Im Text wird anstelle von **der**, **die** oder **das** allerdings meistens ein anderes Wort verwendet, z. B. **ein** (**neuer Stuhl**), **diese** (**weichen Decken**), **manches** (**dünne Papier**), **kein** (**warmes Essen**), **mein** (**neues Fahrrad**), **alle** (**52 Karten**). Dies sind auch alles Artikel. Du erkennst sie daran, dass sie anstelle von **der**, **die** oder **das** eingesetzt werden können. Sie stehen an derselben Stelle.

**1** Überprüfe, für welche Wörter du den bestimmten Artikel **der**, **die** oder **das** einsetzen kannst. Es sind Artikel. Unterstreiche sie gelb und die dazugehörigen Nomen grün.

> Nur Wörter, vor die man einen Artikel setzen kann, sind Nomen und werden großgeschrieben.

Lieber Leon,

hast du diesen neuen Film mit allen verschiedenen Helden aus der Comicwelt auch

noch nicht gesehen? Meine Schwester sagt, man muss ihn sehen. In jedem Fall dann,

wenn man solche Filme allgemein mag. Man darf aber keine schwachen Nerven haben.

Deinen Geschmack trifft er doch schon mal :-) Wollen wir mit einigen Freunden

aus unserer Schule einen Kinobesuch planen?

**2** Schreibe die Artikel als Alternativen zu **der**, **die** und **das** in die Lücken. Beispiele siehst du oben im blauen Kasten. Verwende dabei möglichst viele verschiedene Artikel und nur einmal eine Form von **der/die/das**.

Liebe Marie,

ich finde deine_____ Idee mit _____ Film super! _____ Meinung

nach sollten wir Felix, Meike und Ronja fragen. Wir können aber nicht _____

Mitschüler mitnehmen, oder? Obwohl, wenn ich es mir recht überlege, können wir

doch einfach _____ Personen aus _____ Gruppe anschreiben und

dann schauen … Es gibt doch auch _____ Gruppenkarten.

Wir legen _____ Preis einfach auf alle um, und wenn dann einer nicht kann,

ist es auch _____ Problem.

# Das Adjektiv – seine Position im Satz

Adjektive (wie **gut**, **groß**, **schlau**) verwendet man, um Nomen bestimmte Eigenschaften zuzuschreiben. Man kann auf zwei Arten sagen, dass eine **Leiter niedrig** ist:
1. Das Adjektiv steht zusammen mit dem Kopulaverb **sein** und beschreibt das Nomen:
   **Die Leiter ist niedrig.**
2. Das Adjektiv steht zwischen dem Artikel und dem Nomen:
   **die niedrige Leiter**

Man kann diese beiden Varianten normalerweise ineinander überführen.

**1** Unterstreiche im ersten Satz das Nomen grün, das Kopulaverb blau und das Adjektiv rot. Verbinde die beiden Sätze, indem du das Adjektiv zwischen den Artikel und das Nomen setzt.

Wenn du einfache Texte schreiben willst, verwende Adjektive in einem Satz mit Kopulaverb.

Wenn du kompliziertere Texte schreiben willst, verwende Adjektive vor dem Nomen.

1. Die Leiter ist niedrig. Sie lehnt an der Wand.

   *Die niedrige Leiter lehnt an der Wand.*

2. Leon ist glücklich. Er hat neue Inlineskates.

   _____

3. Das Kind ist traurig. Es will nach Hause.

   _____

**2** Jetzt mach es genau umgekehrt: Bilde aus dem vorgegebenen Satz zwei Sätze: einen Satz ohne Adjektiv und einen mit Kopulaverb und Adjektiv.

1. Der große Hund muss an die Leine.

   *Der Hund ist groß.*          *Er muss an die Leine.*

2. Der blonde Junge turnt gut.

   _____     _____

3. Die netten Omas tanzen gerne.

   _____     _____

**3** Im folgenden Kasten findest du Artikel, Adjektive und Nomen miteinander vermischt. Ordne sie, indem du sie in den richtigen Kasten schreibst, und streiche sie dann durch. Es sind jeweils sechs Artikel, Adjektive und Nomen. Beuge die Wörter korrekt.

| Hund | solche | Computer | jung | dieser | ~~Leon~~ | Boot | neu | hölzern |
|------|--------|----------|------|--------|----------|------|-----|---------|
| ein | ~~der/die/das~~ | Aufgabe | verzwickt | mein | kaputt | ~~nett~~ | Uhr | dein |

|  | **Artikel** | **Adjektiv** | **Nomen** |
|---|---|---|---|
| 1. | der/die/das | nette | Leon |
| 2. | | | |
| 3. | | | |
| 4. | | | |
| 5. | | | |
| 6. | | | |

**4** Kombiniere die Artikel, Adjektive und Nomen aus der vorangegangenen Aufgabe so miteinander, dass sinnvolle Sätze entstehen.

Manchmal musst du erst die richtige Beugungsform bilden (**nett** → **nette**).

| Artikel | Adjektiv | Nomen | |
|---|---|---|---|
| 1. Der | nette | Leon | wartet auf Marie. |
| 2. _____ | _____ | _____ | bellen oft. |
| 3. _____ | _____ | _____ | schwimmt im See. |
| 4. _____ | _____ | _____ | geht wieder. |
| 5. Zu _____ | _____ | _____ | gibt es eine Lösung. |
| 6. _____ | _____ | _____ | gefällt mir. |

# Das Adjektiv – Steigerung und Zusammensetzung

Um Adjektive (wie **gut**, **groß**, **schlau**) zu steigern oder zu verstärken, kann man sie auf verschiedene Weisen verändern:

1. Steigerung: Man unterscheidet den Positiv (**groß**, **schnell**), den Komparativ (**größer**, **schneller**) und den Superlativ (**am größten**, **der größte** Baum).

| Positiv | Komparativ | Superlativ |
|---|---|---|
| der laute Knall | der lautere Knall | der lauteste Knall |
| Der Knall ist laut. | Der Knall ist lauter. | Der Knall ist am lautesten. |

2. Intensivierung mit Partikeln: Auch zusätzliche Wörter wie sehr, unheimlich oder extrem können Adjektive verstärken.

**ein lauter Knall** → **ein unheimlich lauter Knall**
**die schöne Umgebung** → **die extrem schöne Umgebung**

**1** Bilde den Komparativ der Adjektive in den Klammern.

Beispiele findest du im blauen Kasten.

Marie und Leon vergleichen die _neueren_____ (neu)

Sticker aus ihrer Sammlung. Marie stellt fest: „Deine Aufkleber sind fast alle

_____ (groß) als meine, dafür finde ich meine aber _____ (gut)".

Leon protestiert: „Hey, nur weil bei dir _____ (bunt) Bilder drauf sind, hast du

doch keine _____ (schön) Aufkleber!" „Aber _____ (cool) Sticker

als von Elfen gibt es doch nicht!", lacht Marie.

**2** Bilde den Superlativ der Adjektive in den Klammern.

Beispiele für die zwei verschiedenen Bildungen des Superlativs findest du im blauen Kasten.

1. Leons Sticker sind _am größten_____ (groß).

2. Marie findet aber, dass sie die _____ (schön) Sticker hat.

3. „Sind jetzt die _____ (gut) Aufkleber diejenigen, die besonders groß

sind, oder diejenigen, die besonders schön sind?", fragt Leon.

4. „Ehrlich gesagt, ist mir das egal. Ich finde am _____ (wichtig),

dass mir meine und dir deine gefallen."

Adjektive können auch zusammengesetzt werden. Hierdurch werden sie entweder verstärkt oder anderweitig verändert. Diese Zusammensetzungen schreibt man immer als ein Wort.

1. Viele Adjektive lassen sich untereinander verbinden:
   **blau** + **weiß** → **blauweiß**, **nass** + **kalt** → **nasskalt**, **süß** + **sauer** → **süßsauer**

2. Man kann auch Nomen nutzen, um Adjektive zu verstärken oder genauer zu beschreiben. Das zusammengesetzte Wort ist dann ein Adjektiv und muss kleingeschrieben werden:
   **Stein** + **alt** → **steinalt**, **Aal** + **glatt** → **aalglatt**, **Zentner** + **schwer** → **zentnerschwer**

3. Es gibt auch einige Zusätze, die man den meisten Adjektiven vorstellen kann (**super-** in **supertoll**, **superschwer**, **superspannend**, …). Diese Zusätze verstärken die Bedeutung des Adjektivs und sind meistens umgangssprachlich. Verwende sie also nur, wenn es auch angebracht ist.
   **mega-**, **super-**, **ober-**, **sau-** + **frech** → **megafrech**, **superfrech**, **oberfrech**, **saufrech**

**3** Unterstreiche alle zusammengesetzten Adjektive.

Für einen Hund ist Pablo wirklich superschlau,

stellt Marie hochbegeistert fest. Pablo bleibt nämlich

totenstill sitzen, wenn Marie nur so tut, als werfe sie

den Stock.

Wenn Marie den Stock aber wirklich wirft,

läuft Pablo pfeilschnell los und bringt ihn

spielfreudig zurück.

**4** Bilde Zusammensetzungen aus den zwei angeführten Bestandteilen. Achte darauf, dass du das neue Wort zusammen- und kleinschreibst.

1. Blitz + schnell     Der neue Zug ist blitzschnell_____.

2. süß + sauer     Die Sauce ist _____.

3. Zucker + süß     Der _____ Kuchen schmeckt Leon.

4. Wunder + schön     Die _____ Aussicht gefällt Marie.

5. super + fies     Der Gangster im Film ist _____.

6. rosa + rot     Die _____ Blume riecht gut.

7. Stein + reich     Leons Onkel ist _____.

# Das Pronomen

Die zusammengehörenden <u>Artikel</u>, <u>Adjektive</u> und <u>Nomen</u> im Satz nennt man Nominalgruppe:

| Nominalgruppe | | |
|---|---|---|
| Artikel | Adjektiv | Nomen |
| **meine** | **ganze** | **Familie** |

Das <u>Pronomen</u> ersetzt immer die ganze Nominalgruppe:

| <u>Meine</u> <u>ganze</u> <u>Familie</u> | unterstützt | <u>diesen</u> <u>gemeinnützigen</u> <u>Verein</u> . |
|---|---|---|
| <u>Sie</u> | unterstützt | <u>ihn.</u> . |

Das wichtigste Pronomen ist das Personalpronomen:
**ich**, **du**, **er** (Maskulinum, männlich), **sie** (Femininum, weiblich, Singular) und **es** (Neutrum, sächlich), **wir**, **ihr**, **sie** (Pluralformen).
Diese Formen können gebeugt werden (**ihm**, **ihr**, **ihnen** usw.).

**1** Unterstreiche immer die gesamte Nominalgruppe (das Nomen und seine Begleiter). Manchmal stehen Nomen nur mit Artikel oder Adjektiv, manchmal stehen sie ganz alleine. Schreibe unter jede Nominalgruppe die Form des Personalpronomens, die passt.

1. <u>Marie</u> geht heute wieder einmal mit <u>ihrem neuen wuscheligen Kumpel</u> spazieren.
   Sie          ihm

2. Das Mädchen hat sich sehr auf ihren vierbeinigen Freund gefreut.

3. Außerdem treffen die beiden gleich Leon.

Merke:
Auch Eigennamen
sind Nomen.

4. In einem großen Park wollen die drei Freunde spielen gehen.

5. Der Spielplatz ist besonders verlockend.

6. Aber Hunde dürfen leider nicht auf den Spielplatz mitgenommen werden.

7. Deshalb geht das Trio weiter auf die Spielwiese.

8. Die herumliegenden Stöcke sind ideal, um damit zu werfen und zu spielen.

Nur das <u>Personalpronomen</u> kann man direkt an der Form (**er**, **sie**, **es** usw.) erkennen. Die anderen Pronomen (z. B. **dieser**, **alle** oder **der**) haben dieselbe Form wie <u>Artikel</u>. Man kann sie an ihrer Position im Satz unterscheiden: <u>Pronomen</u> ersetzen eine Nominalgruppe, <u>Artikel</u> stehen vor dem <u>Nomen</u> (und vor dem <u>Adjektiv</u>, wenn eines vorhanden ist). Pronomen und Artikel werden nach ihrer Bedeutung unterschieden:

1. demonstrativ (zeigend): **dieser**, **jener**, **solcher**

<u>Demonstrativpronomen</u>
**Ich meine <u>diesen</u>.**

<u>Demonstrativartikel</u>
**Ich meine <u>diesen</u> schönen Baum**

2. possessiv (Besitz anzeigend): **mein(er)**, **dein(er)**, **sein(er)**, **ihr(er)**, **unser**, **euer**, **ihr(er)**

<u>Possessivpronomen</u>
**Das ist <u>meiner</u>.**

<u>Possessivartikel</u>
**Das ist <u>mein</u> <u>Stift</u>.**

3. indefinit (eine unbestimmte Menge anzeigend): **alle**, **manche(r)**, **kein(er)**, **jede(r)**

<u>Indefinitpronomen</u>

**Leon isst <u>alles</u>.**

<u>Indefinitartikel</u>

**Leon isst <u>alle</u> <u>Äpfel</u>.**

Pronomen werden kleingeschrieben.

---

**2** Setze die korrekte Form ein. Kreuze an, ob es sich um ein Pronomen oder einen Artikel handelt.

Beachte:
Wenn das Wort ein **Artikel** ist, muss es ein Nomen **begleiten**. Wenn es ein Nomen **ersetzt**, ist es ein **Pronomen**.

1. (alle) Alle _____ gehen jetzt nach Hause.　　Pronomen ☒　Artikel ☐

Bedeutung: indefinit (eine unbestimmte Menge anzeigend)

2. (dieser) _____ Kind möchte jetzt nach Hause.　　Pronomen ☐　Artikel ☐

Bedeutung: _____

3. Leon mag die Kinder aus (sein) _____ Klasse.　　Pronomen ☐　Artikel ☐

Bedeutung: _____

4. Über (manche) _____ ärgert er sich auch mal.　　Pronomen ☐　Artikel ☐

Bedeutung: _____

5. Aber er will auf (kein) _____ verzichten.　　Pronomen ☐　Artikel ☐

Bedeutung: _____

# Das Adverb

Adverbien geben genauere Informationen über eine Handlung oder einen Vorgang:

**Leon geht**           **nach Hause.**
**Leon geht**    **jetzt**       **nach Hause.**
**Leon geht**    **schnell**    **nach Hause.**

Du erkennst Adverbien daran, dass sie sich auf das Verb beziehen und mit ihm zusammen erfragt werden können:

**Wann geht Leon? – Jetzt.**        **Wie geht Leon? – Schnell.**

Reine Adverbien (wie **jetzt**, **heute**, **bald**, **dienstags**) können nur als Adverbien verwendet werden. Die meisten Adverbien sind aber auch als Adjektive gebräuchlich (**schnell**, **schlau** oder **laut** sind Adjektive, die man auch als Adverbien verwenden kann):

| Gebrauch als Adjektiv | | Gebrauch als Adverb |
|---|---|---|
| steht zwischen Artikel und Nomen | steht mit Kopulaverb | |
| **das schnelle Auto** | **Das Auto ist schnell.** | **Das Auto fährt schnell.** |
| **der schlaue Leon** | **Leon ist schlau.** | **Leon spielt schlau.** |
| **die laute Musik** | **Die Musik ist laut.** | **Die Musik tönt laut.** |

**1** Überprüfe, ob das Wort nur als reines Adverb oder auch als Adjektiv verwendet werden kann. Wenn diese Möglichkeit nicht existiert, mache einen Strich. Kreuze die richtige Schlussfolgerung an:

| Wort | Verwendung als Adjektiv | Verwendung als Adverb | reines Adverb? ja | nein |
|---|---|---|---|---|
| 1. gestern | das _____ Auto | Das Auto fuhr *gestern* _____. | ☒ | ☐ |
| 2. toll | das _____ Auto | Das Auto fährt _____. | ☐ | ☐ |
| 3. schnell | das _____ Auto | Das Auto fährt _____. | ☐ | ☐ |
| 4. stark | das _____ Auto | Das Auto bremst _____. | ☐ | ☐ |
| 5. jetzt | das _____ Auto | Das Auto bremst _____. | ☐ | ☐ |
| 6. schon | das _____ Auto | Das Auto bremst _____. | ☐ | ☐ |

Adverbien werden nach ihrer Bedeutung unterschieden. Die verschiedenen Bedeutungen können mit einem **W-Fragewort** erfragt werden:

1. temporal (zeitlich)        Fragewort: **Wann (lernt Leon)?**
   **Leon lernt gleich, heute, dann, bald ...**
2. lokal (räumlich)        Fragewort: **Wo (lernt Leon)?**
   **Leon lernt dort, draußen, oben, vorne ...**
3. modal (Art und Weise)        Fragewort: **Wie (lernt Leon)?**
   **Leon lernt fleißig, schnell, interessiert, ...**

**2** Frage nach dem unterstrichenen Adverb und trage „temporal", „lokal" oder „modal" als Bedeutung ein.

Weitere Bedeutungen lernst du bei den Adverbialsätzen auf Seite 56 kennen.

1. Marie fährt <u>gleich</u> zum Sporttraining.

Frage: Wann fährt Marie zum Training ?

→ Bedeutung: temporal (zeitlich)

2. Leon tobt <u>ausgelassen</u> mit Marie.

Frage: _____ ?

→ Bedeutung: _____

3. Marie hat <u>gestern</u> gemalt.

Frage: _____ ?

→ Bedeutung: _____

4. Leon spielt <u>drinnen</u>.

Frage: _____ ?

→ Bedeutung: _____

5. Marie schläft <u>tief</u>.

Frage: _____ ?

→ Bedeutung: _____

# Die Präposition

Präpositionen drücken meistens ein räumliches Verhältnis (**hinter** dem Schrank, **neben** dem Haus, …) oder zeitliches Verhältnis (**vor** dem Unterricht, **nach** dem Urlaub, …) zum Nomen aus, mit dem sie zusammenstehen. Du erkennst Präpositionen vor allem daran, dass sie einen von drei Kasus (Fällen) des Nomens und seiner Begleiter bestimmen: Dativ (Frageprobe: **Wem?**), Akkusativ (Frageprobe: **Wen?**) oder Genitiv (Frageprobe: **Wessen?**).

- **Leon steht auf dem Bahnhof.**                 (**Auf wem?** → Dativ)
- **Ohne Leon will Marie nicht losgehen.**        (**Ohne wen?** → Akkusativ)
- **Marie nimmt anstatt des Kuchens lieber Kekse.** (**Anstatt wessen?** → Genitiv)

**1** Setze die korrekten Formen der Nomen und ihrer Begleiter in die Lücken. Schreib den Kasus der Präposition auf.

1. Marie spielt mit _dem Hund_____ (der Hund).      Kasus: _Dativ_____

2. Leon kommt von _____ (ein Spiel).      Kasus: _____

3. Marie liegt unter _____ (die Decke).      Kasus: _____

4. Leon kriecht unter _____ (die Decke).      Kasus: _____

5. Marie freut sich auf _____ (ihre Oma).      Kasus: _____

6. Leon steht auf _____ (sein Stuhl).      Kasus: _____

**2** In den folgenden Sätzen gibt es Präpositionen, aber auch andere Wörter, die genauso aussehen. Teste mit der Frageprobe, bei welchen Wörtern es sich wirklich um Präpositionen handelt. Unterstreiche die Präpositionen und schreibe unter die Wörter, die nur so aussehen wie Präpositionen, ein Ausrufezeichen.

1. Leon schaltet das Licht über der Spüle ab.

   !

2. Die Lehrerin schließt die Tür auf und lässt die Schüler in die Klasse.

3. Marie wartet schon lange auf Leon. Jetzt kommt er endlich an.

4. Marie und Leon geben in der ersten Schulstunde ihre Präsentation ab.

5. Marie taucht Leon im Schwimmbad unter.

Bei manchen Präpositionen kannst du zwei Bestandteile erkennen:
**infolge des Knalls** (in + Folge), **anhand der Anleitung** (an + Hand), …
Hier siehst du alle Präpositionen, die zu dieser Gruppe gehören:
**anhand**, **anstelle**, **aufgrund**, **infolge**, **mithilfe**.
Diese Präpositionen stehen alle mit dem Genitiv (**Wessen?**). Wegen der Zusammensetzungen sind sich viele unsicher, ob man ein Wort oder zwei Wörter schreiben soll
(z. B. **anhand des Plans** oder **an Hand des Plans**). Schreibe sie zusammen, um sie
als Präpositionen zu kennzeichnen. Dann kommst du auch nicht durcheinander mit
anderen Präpositionen, die auf jeden Fall zusammengeschrieben werden müssen
**anlässlich**, **anstatt**.

**3** Wähle, welche Präposition aus dem Kasten am besten passt, und schreibe sie auf.

| anhand   anstelle   aufgrund   infolge   mithilfe   anlässlich   ~~anstatt~~ |

1. Leon möchte *anstatt* _____ einer Limo lieber Saft.

2. Marie baut den Schrank _____ eines Akkuschraubers zusammen.

3. _____ eines Sturms sind viele Bäume umgeknickt.

4. Leons Familie geht _____ des Geburtstags der Oma essen.

5. Marie soll _____ ihrer Freundin ein Referat halten.

6. Leon macht seinen Standpunkt _____ von Beispielen klar.

7. _____ eines Oberleitungsschadens ist der Zug verspätet.

**4** Übe die Bildung des Genitivs: Ergänze Artikel, Adjektiv und Nomen.

1. Infolge *eines starken Unwetters* _____ (ein starkes Unwetter)

   hat es Überschwemmungen gegeben.

2. Aufgrund _____ (die lange Trockenheit)

   sind viele Rasenflächen verdorrt.

3. Anlässlich _____ (sein kommender Geburtstag)

   möchte Leon eine Party feiern.

4. Marie lernt mithilfe _____ (eine neue App) Spanisch.

5. Leon möchte anstelle _____ (ein rotes Rennrad)

   lieber ein blaues Mountainbike.

# Die Konjunktion und die Subjunktion

Konjunktionen (z. B. **und**, **aber**, **oder**, **entweder** … **oder**, **sowohl** … **als auch**) und
Subjunktionen (z. B. **weil**, **wenn**, **nachdem**) sind Verbindungswörter.
Konjunktionen verbinden einzelne Wörter, Wortgruppen oder Sätze miteinander.

1. Verbindung von <u>Wörtern</u>:

   **<u>Marie</u> und <u>Leon</u> lachen.**　　　　　　**Marie mag sowohl <u>Tiere</u> als auch <u>Pflanzen</u>.**

   **Magst du <u>Tee</u> oder <u>Limonade</u>?**　　　　**Wir gehen entweder <u>rein</u> oder <u>raus</u>.**

2. Verbindung von <u>Wortgruppen</u>:

   **<u>Die große Frau</u> und <u>der kleine Mann</u> schwimmen zusammen.**

   **Leon nimmt entweder <u>den langen Weg</u> oder <u>die Abkürzung</u>.**

3. Verbindung von <u>Sätzen</u>:

   **<u>Leon macht Hausaufgaben</u> und <u>Marie spielt im Garten</u>.**

   **<u>Marie geht nach Hause</u> oder <u>sie bleibt noch ein bisschen</u>.**

**1** Im Kasten findest du verschiedene Konjunktionen.
Manche können aber nicht in allen Fällen verwendet werden.
Setze zunächst alle ein, die möglich sind, um Wörter und
Wortgruppen miteinander zu verbinden. Setze die zweiteiligen ein,
wenn es zwei Leerstellen gibt.

> Bei dieser
> Aufgabe bleiben
> vier Konjunktionen
> übrig.

| denn　　aber　　~~und~~　　sowohl … als auch　　sowie |
| :---: |
| entweder … oder　　doch　　sondern　　oder |

1. Marie mag Äpfel und _____ Pflaumen.

2. Marie mag Äpfel _____ Pflaumen.

3. Marie mag Äpfel _____ Pflaumen.

4. Marie mag _____ Äpfel _____ Pflaumen.

5. Marie mag _____ Äpfel _____ Pflaumen.

**2** Die vier übrig gebliebenen Konjunktionen kann man zum Verbinden von Sätzen
verwenden. Setze sie ein.

1. Marie mag keine Äpfel, aber _____ sie mag Pflaumen.

2. Marie mag keine Äpfel, _____ sie mag Pflaumen.

3. Marie mag keine Äpfel, _____ sie mag lieber Pflaumen.

4. Marie mag keine Äpfel, _____ sie ist dagegen allergisch.

Subjunktionen (z. B. **dass**, **weil**, **wenn**, **nachdem**) verbinden immer Sätze miteinander, von denen der eine übergeordnet und der andere untergeordnet ist. Sie geben dem untergeordneten Satz eine bestimmte Bedeutung:

| | | |
|---|---|---|
| Marie ruft ihre Mutter an, | nachdem | sie Sport getrieben hat. |
| Marie ruft ihre Mutter an, | wenn | sie mit dem Sport fertig ist. |
| Marie ruft ihre Mutter an, | weil | sie abgeholt werden möchte. |
| Marie sagt ihrer Mutter, | dass | sie abgeholt werden möchte. |

**3** Setze jeweils eine passende Subjunktion aus dem Kasten ein.

| | | | | | | | | |
|---|---|---|---|---|---|---|---|---|
| dass | ~~weil~~ | wenn | nachdem | bevor | während | als | damit | obwohl |

1. Marie schließt das Fenster, _weil_____ es im Raum kalt ist.

2. Leon schnürt seine Schuhe fester, _____ sie nicht locker s tzen.

3. Marie putzt immer Pablos Pfoten, _____ sie mit ihm draußen war

4. Leon geht erst schlafen, _____ er sich die Zähne geputzt hat.

5. Marie muss Pablo noch füttern, _____ sie zur Schule geht.

6. Leon macht seine Hausaufgaben, _____ er eigentlich lieber spielen würde.

7. Marie erzählt Leon, _____ sie Pablo heimlich Leckerlis gegeben hat.

8. Leon ist zufällig zu Hause, _____ Marie mit Pablo am Fenster vorbeiläuft.

9. Marie ruht sich auf einer Decke aus, _____ Pablo umherläuft.

**4** Unterstreiche alle Konjunktionen im Text orange und alle Subjunktionen türkis.

Marie, Leon und Pablo unternehmen einen Ausflug zu Fuß.
Sie nehmen keine öffentlichen Verkehrsmittel, weil Pablo
noch nie mit dem Bus oder der Bahn gefahren ist.
Leon hatte das vorgeschlagen, aber Marie befürchtet,
dass Pablo Angst bekommen oder sich erschrecken könnte.
„Na gut, dann laufen wir zum Park. Während wir das tun,
bringen wir entweder Pablo oder dir bei,
Stöckchen zu holen", entgegnet Leon
lachend.

**1** Bestimme die unterstrichenen Wortarten und trage die Wortart im Rätselgitter bei der entsprechenden Nummer ein.

1. Leon wird nach Hause gehen, <u>wenn</u> sein netter Vater später klingelt und ihn abholt.

2. Leon wird nach Hause gehen, wenn sein netter Vater später klingelt <u>und</u> ihn abholt.

3. Leon wird nach Hause gehen, wenn sein netter Vater <u>später</u> klingelt und ihn abholt.

4. Leon wird nach Hause gehen, wenn sein <u>netter</u> Vater später klingelt und ihn abholt.

5. Leon wird nach Hause gehen, wenn sein netter Vater später klingelt und <u>ihn</u> abholt.

6. Leon wird nach Hause <u>gehen</u>, wenn sein netter Vater später klingelt und ihn abholt.

7. Leon wird nach Hause gehen, wenn sein netter <u>Vater</u> später klingelt und ihn abholt.

8. Leon wird nach Hause gehen, wenn <u>sein</u> netter Vater später klingelt und ihn abholt.

9. Leon wird <u>nach</u> Hause gehen, wenn sein netter Vater später klingelt und ihn abholt.

| | | | | | | Lösungswort | | | | | | | | | |
|---|---|---|---|---|---|---|---|---|---|---|---|---|---|---|---|
| | | | | | | W | | | | | | | | | |
| **1.** | | | | | | | | | | | | | | | |
| **2.** | | | | | | | | | | | | | | | |
| **3.** | | | | | | | | | | | | | | | |
| **4.** | | | | | | | | | | | | | | | |
| **5.** | | | | | | | | | | | | | | | |
| **6.** | | | | | | | 7. | | | | | | | | |
| **8.** | | | | | | | | | | | | | | | |
| **9.** | | | | | | | | | | | | | | | |

**Lösungswort:** _____

# Das hast du geübt

Ich …                                                                    ✓

| | |
|---|---|
| … kann die verschiedenen Verbtypen auseinanderhalten und erkennen. | S. 2/3 |
| … weiß, was der Modus des Verbs ist, und kann ihn bilden. | S. 4/5 |
| … kann das Genus des Verbs und Passivformen bilden. | S. 6/7 |
| … weiß, dass Adjektive und Verben nominalisiert werden können. | S. 8/9 |
| … kann zusammengesetzte Nomen bilden und korrekt schreiben. | S. 10 |
| … kenne unterschiedliche Formen von Artikelwörtern und kann sie richtig anwenden. | S. 11 |
| … weiß, dass Adjektive an verschiedenen Stellen im Satz stehen können, und kann sie von anderen Wortarten unterscheiden. | S. 12/13 |
| … kann Adjektive steigern und zusammengesetzte Adjektive bilden. | S. 14/15 |
| … kann Nominalgruppen durch entsprechende Pronomen ersetzen und verschiedene Pronomen voneinander unterscheiden. | S. 16/17 |
| … kann unterschiedliche Adverbien voneinander unterscheiden und kenne ihre Bedeutung. | S. 18/19 |
| … kann Präpositionen erkennen, ihren Kasus zuordnen und zusammengesetzte Präpositionen richtig schreiben. | S. 20/21 |
| … kenne die Funktion von Konjunktionen und Subjunktionen und kann sie voneinander unterscheiden. | S. 22/23 |

## Du hast es geschafft!

Nun überprüfe dich selbst auf den Seiten 26/27.

# Das kannst du

**1** Die Prädikate in den Sätzen sind mehrteilig und enthalten ein Hilfsverb, Modalverb oder Kopulaverb. Unterstreiche das jeweilige Verb und schreibe darunter, ob es sich um ein Hilfsverb, Modalverb oder Kopulaverb handelt. Unterstreiche und kennzeichne auch alle Vollverben.

Marie will Pablo wie gewöhnlich füttern und stellt fest, dass er vielleicht krank ist.

Er ist nämlich nicht hungrig. Dabei frisst er sonst immer mit großem Appetit.

Marie ist beunruhigt. Leider kann sie Pablo nicht fragen, wie es ihm geht.

Sie beschließt, sie will mit Pablo zum Arzt gehen. Zum Glück weiß sie, wo

sie den nächsten Tierarzt finden kann: Direkt in der Nachbarschaft hat eine

Tierarztpraxis eröffnet. Dahin läuft sie mit Pablo. Die Ärztin ist sehr nett.

Sie untersucht Pablo. Anschließend gibt sie Marie ein Fläschchen. Pablo soll

täglich fünf Tropfen davon bekommen. Er wird wohl schnell wieder genesen.

**2** Schreibe das Wort in der Klammer als Nomen auf. Achte dabei auf die Großschreibung und die richtige Beugung.

1. Leon möchte das _____ (arbeiten) an seiner Hausaufgabe beschleunigen.

2. Marie hat eine Schwester. Marie ist die _____ (kleiner) von ihnen.

3. Leon hat einen Jungen in der Klasse, der „der _____ (schnell)" genannt wird, weil er am schnellsten läuft.

4. Während des _____ (musizieren) soll Marie die Fenster zumachen.

**3** Unterstreiche jeweils im ersten Satz das Nomen grün, das Kopulaverb blau und das Adjektiv rot. Verbinde die beiden Sätze zu einem, indem du das Adjektiv zwischen den Artikel und das Nomen setzt.

1. Die Rosen sind schön. Sie stehen in einer Vase.

_____

2. Die Lehrerin ist zufrieden. Sie lobt die Klasse.

_____

3. Das Pony ist klein. Es wiehert.

_____

**4** Setze die korrekten Formen der Nomen und ihrer Begleiter in die Lücken. Schreibe den Kasus der Präposition auf.

1. Leon kämpft mit _____ (eine Aufgabe). Kasus: _____

2. Marie denkt an _____ (ihr Pablo). Kasus: _____

3. Anhand _____ (ein Beispiel)

versteht Leon die Zusammenhänge besser. Kasus: _____

**5** Unterstreiche alle Konjunktionen im Text orange und alle Subjunktionen türkis.

Marie bespricht mit ihrer Familie, dass sie nach Spanien oder Portugal verreisen wollen, aber das genaue Ziel offen lassen, weil es so spannender ist. Sie tun das, indem sie einen Wohnwagen mieten und spontan drauf losfahren.

**Super, du hast den Test geschafft! Schätze deine Leistung ein:** 🙂 😐 🙁

Hier ist Platz für eine Rückmeldung von deiner Lehrerin oder deinem Lehrer:

_____

_____

# Das Prädikat – Prädikate mit Vollverben und Kopulaverben

Wenn du die Satzglieder eines Satzes bestimmen willst, musst du zuerst das Prädikat erfassen. Es ist das wichtigste Satzglied. Suche dazu die Verben im Satz.

Du hast die verschiedenen Verbtypen schon auf den Seiten 2 und 3 geübt. Sie legen die Art des Prädikats fest. Auf den folgenden Seiten üben wir, wie man Prädikate erkennt.

1. Vollverb-Prädikat: Das Prädikat besteht aus einem Vollverb (**werfen**, **einkaufen**, **laufen** usw.):
   **Marie schläft.**     **Leon kauft ein.**     **Marie wirft einen Ball.**     **Leon fängt ihn.**
2. Kopulaverbgefüge: Das Prädikat besteht aus einem Kopulaverb (**sein**, **werden**, **bleiben**) und einem Adjektiv oder Nomen. Damit kannst du sehr einfache Sätze bilden.
   **Marie ist braunhaarig.**     **Leon wird Klassensprecher.**     **Marie bleibt gesund.**

Kopulaverben erkennst du daran, dass du sie nicht erfragen kannst.

Wenn du fragst: „**Was macht Leon?**", kannst du mit Vollverben antworten: **schlafen, einkaufen, werfen, fangen**. Du kannst aber **nicht** mit Kopulaverben antworten: **sein, werden, bleiben**.

**1** Die Prädikate in den folgenden Sätzen bestehen entweder aus einem Vollverb-Prädikat oder aus einem Kopulaverbgefüge. Unterstreiche alle Wörter, die das Prädikat bilden. Schreibe auf, um welchen der zwei Prädikatstypen es sich handelt.

1. Leon wartet auf den Bus.

   Prädikatstyp: _Vollverb-Prädikat_ _____

2. Marie gibt Pablo Futter.

   Prädikatstyp: _____

3. Leon ist ein Junge.

   Prädikatstyp: _____

4. Marie wird sicher Klassenbeste.

   Prädikatstyp: _____

5. Manchmal isst Leon gerne im Freien.

   Prädikatstyp: _____

# Das Prädikat – Prädikate mit Hilfsverben

Prädikate können auch aus einem Hilfsverb (**sein**, **haben** oder **werden**) und einem Vollverb bestehen. Man nennt das Prädikat dann ein Hilfsverbgefüge:
**Marie hat lange geschlafen.     Leon wird gleich den Ball werfen.**

Mit einem Hilfsverb wird immer ein bestimmtes Tempus (eine bestimmte Zeitform) gebildet. Es gibt vier Möglichkeiten:

|  | Hilfsverb | Vollverb | Hilfsverb | Hilfsverb | Vollverb | Hilfsverb |
|---|---|---|---|---|---|---|
| 1. Perfekt: | Marie ist | gelaufen. | | Leon hat | geschlafen. | |
| 2. Futur I: | Marie wird | laufen. | | Leon wird | schlafen. | |
| 3. Plusquamperfekt: | Marie war | gelaufen. | | Leon hatte | geschlafen. | |
| 4. Futur II: | Marie wird | gelaufen | sein. | Leon wird | geschlafen | haben. |
|  | Hilfsverb | Vollverb | Hilfsverb | Hilfsverb | Vollverb | Hilfsverb |

**2** Jeder Satz enthält ein Hilfsverbgefüge mit einem Hilfsverb und einem Vollverb. Sätze im Futur II haben zwei Hilfsverben. Unterstreiche die Teile des Prädikats wie folgt: Hilfsverben dunkelblau, Vollverben hellblau. Schreibe auch die Zeitform auf.

1. Marie hat einen neuen Pullover gekauft.     Tempus: *Perfekt*

2. Leon war nach Hause gerannt.     Tempus: _____

3. Marie wird heute mit ihrer Mutter kochen.     Tempus: _____

4. Leon hatte den Film noch nicht gesehen.     Tempus: _____

5. Marie wird das Buch bald gelesen haben.     Tempus: _____

**3** Bilde das korrekte Tempus des angegebenen Verbs mit dem richtigen Hilfsverbgefüge.

1. Perfekt (essen)     Leon *hat gegessen* _____ .

2. Futur I (spielen)     Marie _____ .

3. Plusquamperfekt (fliegen)     Leon _____ .

4. Perfekt (springen)     Marie _____ .

5. Futur II (malen)     Leon _____ .

# Das Prädikat – Prädikate mit Modalverben

Prädikate können auch aus einem Modalverb (**wollen**, **können**, **müssen**, **dürfen**, **sollen**, **mögen**) und einem Vollverb im Infinitiv bestehen. Man nennt das Prädikat dann ein Modalverbgefüge.
Du bildest es, indem du das gebeugte Vollverb – z. B. **putzen** – durch die gebeugte Form des Modalverbs – z. B. **müssen** – ersetzt und dann das Vollverb – z. B. **putzen** – hinten im Satz einfügst: **müssen** → **Marie muss sich noch die Zähne putzen**.
Die Formen **möchte**, **möchtest** usw. kannst du wie die Formen **mag**, **magst** usw. auf den Infinitiv **mögen** zurückführen.

**1** Bilde aus dem Satz mit dem einfachen Prädikat einen Satz mit Modalverbgefüge.

1. Leon fährt mit der Straßenbahn.

   (wollen) <u>Leon will mit der Straßenbahn fahren</u>.

2. Marie leiht Leon den Stift.

   (können) _____.

3. Leon spielt noch länger.

   (dürfen) _____.

4. Marie macht einen Handstand.

   (können) _____.

5. Leon fährt Fahrrad.

   (mögen) _____.

6. Marie macht ihre Jacke zu.

   (müssen) _____.

7. Leon ruft Marie an.

   (mögen) _____.

8. Marie wischt die Tafel ab.

   (sollen) _____.

# Das Prädikat – Prädikatstypen unterscheiden

Du kennst nun die vier Prädikatstypen:
1. Vollverb-Prädikat:
   **Marie lacht.**          **Leon schreibt die Vokabeln auf.**
2. Kopulaverbgefüge:
   **Leon ist hungrig.**     **Marie bleibt Teamführerin.**
3. Hilfsverbgefüge:
   **Leon hat geduscht.**    **Marie wird duschen.**
4. Modalverbgefüge:
   **Marie möchte mit Pablo spielen.**

**1** Unterstreiche alle Wörter, die das Prädikat bilden. Denk dran, dass alle Verben dazugehören. Nur im Fall von Kopulaverben gehören Adjektive oder Nomen zum Prädikat. Bezeichne den Prädikatstyp mit einer der vier Bezeichnungen: Vollverb-Prädikat, Kopulaverbgefüge, Hilfsverbgefüge, Modalverbgefüge.

1. Leon fährt auf seinem Fahrrad.

   Prädikatstyp: _Vollverb-Prädikat_____

2. Marie hat eine Nachricht an die Klassengruppe geschrieben.

   Prädikatstyp: _____

3. Leon wird in diesem Sommer sein letztes Schwimmabzeichen machen.

   Prädikatstyp: _____

4. Heute kann Marie ihr Fahrrad aus der Werkstatt abholen.

   Prädikatstyp: _____

5. Manchmal isst Leon mit den Fingern.

   Prädikatstyp: _____

6. Heute ist Marie früher nach Hause gekommen.

   Prädikatstyp: _____

7. Heute ist Leon besonders fröhlich.

   Prädikatstyp: _____

# Das Subjekt und die Objekte

Das Verb bzw. Prädikat im Satz bestimmt, ob neben dem Subjekt noch Objekte auftreten können oder müssen:

- Verben nur mit Subjekt:
  **Leon schwimmt.**
  **Marie schläft.**

  Frageprobe:
  **Wer schwimmt?** (Antwort: **Leon.**)
  **Wer schläft?** (Antwort: **Marie.**)

Verben wie **schwimmen** und **schlafen** brauchen nur ein Subjekt.

- Verben mit Subjekt und Akkusativobjekt:
  **Leon löst ein Rätsel.**
  **Marie durchsucht ihre Schublade.**

  Frageprobe:
  **Wen oder was löst Leon?** (Antwort: **Ein Rätsel.**)
  **Wen oder was durchsucht Marie?** (Antwort: **Ihre Schublade.**)

Verben wie **lösen** und **durchsuchen** benötigen neben dem Subjekt noch ein Akkusativobjekt.

- Verben mit Subjekt und Dativobjekt:
  **Leon vertraut seinen Eltern.**
  **Das Spielzeug gehört dem Jungen.**

  Frageprobe:
  **Wem vertraut Leon?** (Antwort: **Seinen Eltern.**)
  **Wem gehört das Spielzeug?** (Antwort: **Dem Jungen.**)

Verben wie **vertrauen** und **gehören** benötigen neben dem Subjekt noch ein Dativobjekt.

**1** Ermittle das Subjekt (Frage: **Wer oder was?**) und – wenn vorhanden – das Akkusativobjekt (Frage: **Wen oder was?**) sowie das Dativobjekt (Frage: **Wem oder was?**) mit der Frageprobe. Unterstreiche Subjekte grün, Akkusativobjekte rot und Dativobjekte gelb.

1. Leon liest einen Comic.

2. Marie badet Pablo.

3. Leon bringt seiner Mutter den Kaffee.

4. Manchmal könnte Marie einfach nur tanzen.

5. Gestern hat Leon einem Straßenkünstler zugeschaut.

6. Öfter glaubt Marie ihrer älteren Schwester nicht.

7. Bald können Marie und Leon das Volksfest alleine besuchen.

8. Diese Geschichte kann Leon nicht richtig glauben.

9. Leons Eltern schauen am liebsten Dokumentarfilme.

10. Große Menschenmengen meidet Marie am liebsten.

11. Leons Vater übergibt Leon einen alten Brief.

12. Maries Vorschlag gefällt Leon sehr gut.

Das Verb bzw. Prädikat im Satz kann auch eine bestimmte Präposition fordern.
Die Präposition, das dazugehörige Nomen und dessen Begleiter sind dann
ein <u>Präpositionalobjekt</u>:
**Leon wartet <u>auf Marie</u>.**     **Marie denkt <u>an ihren Lieblingshund</u>.**

Das Verb **warten**
braucht die Präposition <u>auf</u>,
das Verb **denken** braucht
die Präposition <u>an</u>.

Du kannst fragen:
**Worauf wartet Leon?**
**Woran denkt Marie?**

**2** Jeder der folgenden Sätze hat genau ein Präpositionalobjekt. Unterstreiche es.

1. Marie hofft <u>auf gutes Wetter</u>.

2. Leon ruht sich von dem Fußballspiel aus.

3. Marie bemüht sich um gute Noten.

4. Leon achtet auf seine Gesundheit.

5. An dieses Problem hat Marie gar nicht gedacht.

6. Leon bittet seinen Vater um Hilfe.

**3** Auch die Verben in den folgenden Sätzen verlangen eine bestimmte Präposition
als Objekt. Schreibe die passende Präposition auf und ergänze die korrekte Form
des Nomens und seiner Begleiter.
Mögliche Präpositionen: vor, über, nach, von, auf, um, an

1. Marie fürchtet sich <u>**vor dem Gewitter**</u>_____. (das Gewitter)

2. Leon freut sich _____. (das schöne Wetter)

3. Pablo flieht _____. (der Regen)

4. Marie sehnt sich _____. (der nächste Urlaub)

5. Leon erholt sich _____. (einer Krankheit)

6. Marie fragt ihre Mutter _____. (Süßigkeiten)

7. Pablo hört immer _____. (Maries Pfeifen)

8. Marie kümmert sich rührend _____. (Pablo)

9. Leon arbeitet _____. (ein Bild für Kunst)

# Das Adverbial

Das Adverbial ist ebenfalls ein Satzglied. Es beschreibt das Verb oder den ganzen Satz näher. Du kannst es mit **W-Fragewörtern** (**Wo?**, **Wann?**, **Warum?** usw.) erfragen.
Wie die Präpositionalobjekte kann das Adverbial aus einer Präposition mit dazugehörigem Nomen und dessen Begleitern bestehen. Deshalb ist es schwer zu erkennen und kann leicht verwechselt werden. In den folgenden Sätzen sind alle Präpositionalgruppen Adverbiale. So kannst du sie erfragen und zuordnen:

- **Marie geht nach der Schule zum Sport.**
  → Frage: **Wann?**          → Adverbial der Zeit
- **Marie und Pablo spielen in einem Park.**
  → Frage: **Wo?**          → Adverbial des Orts
- **Leon geht in die Schule.**
  → Frage: **Wohin?**          → Adverbial der Richtung
- **Marie geht von der Schule zum Sport.**
  → Frage: **Von wo aus?** → Adverbial des Ursprungs
- **Marie hüpft auf einem Bein umher.**
  → Frage: **Wie?**          → Adverbial der Art und Weise
- **Marie geht wegen eines Schnupfens nicht zum Sport.**
  → Frage: **Warum?**          → Adverbial des Grunds

**1** Jeder der folgenden Sätze besitzt ein präpositionales Adverbial.
Unterstreiche es und schreibe den Typ des Adverbials auf.

1. <u>Im Sommer</u> bekommt Marie Sommersprossen.

   Fragewort: <u>Wann</u> ? → ein Adverbial <u>der Zeit</u>

2. Leon fährt gleich vom Fußballtraining zurück.

   Fragewort: _____ ? → ein Adverbial _____

3. Marie, Leon und Pablo laufen in den Park.

   Fragewort: _____ ? → ein Adverbial _____

4. Leon darf im Wohnzimmer fernsehen.

   Fragewort: _____ ? → ein Adverbial _____

5. Aufgrund der Hitze schließt die Schule heute früher.

   Fragewort: _____ ? → ein Adverbial _____

6. Leon wirft den Ball in einem hohen Bogen.

   Fragewort: _____ ? → ein Adverbial _____

Alternativ zum präpositionalen Adverbial können auch reine Adverbien (**morgen**, **später** usw.) oder adjektivische Adverbien (**schnell laufen**, **langsam malen** usw.) ein Adverbial bilden. Du erfragst sie genauso wie präpositionale Adverbiale:

**Marie geht <u>morgen</u> einkaufen.**          **Leon kommt <u>schnell</u> gelaufen.**

→ **Wann?** → Adverbial der Zeit          → **Wie?** → Adverbial der Art und Weise

Auch Nebensätze (**...**, **weil Leon friert.**) können Adverbiale sein.

Nebensätze als Adverbiale findest du auf Seite 56.

Du hast die verschiedenen Möglichkeiten vergessen? Der blaue Kasten auf der linken Seite hilft dir.

**2** In jeder Aufgabe gibt es genau ein Adverbial. Unterstreiche es und erfrage den Typ des Adverbials.

1. <u>Bald</u> möchte Marie einen eigenen Hund bekommen.

Fragewort: _Wann_____ ? → ein Adverbial _der Zeit_____

2. Leon soll nach Hause gehen.

Fragewort: _____ ? → ein Adverbial _____

3. Marie, Leon und Pablo laufen zügig.

Fragewort: _____ ? → ein Adverbial _____

4. Leon darf später spielen gehen.

Fragewort: _____ ? → ein Adverbial _____

5. Es regnet. Deshalb darf Leon Computer spielen.

Fragewort: _____ ? → ein Adverbial _____

6. Marie und Pablo besuchen einen Park. Dort können sie toben.

Fragewort: _____ ? → ein Adverbial _____

Häufig dienen Adverbiale dazu, eine Verknüpfung mit dem vorigen Satz herzustellen. Bei 5. und 6. findest du solche verknüpfenden Adverbiale. Du erfragst sie genauso wie bisher.

# Die Unterscheidung von Präpositionalobjekten und präpositionalen Adverbialen

Präpositionale Objekte und präpositionale Adverbiale sind schwierig zu unterscheiden, weil sie gleich aussehen:

**Leon wartet** <u>**auf den Zug.**</u> (Präpositionalobjekt)
**Leon klettert** <u>**auf den Zug.**</u> (präpositionales Adverbial)

Obwohl beide Sätze dieselbe Wortgruppe **auf den Zug** enthalten, ist sie einmal Objekt und einmal Adverbial. Das liegt daran, dass **warten** die Präposition **auf** fordert und **klettern** die Präposition **auf** <u>nicht</u> fordert.

<u>Probe 1:</u>
Man kann sagen: **Leon wartet darauf, dass … (der Zug kommt).**
Man kann aber nicht sagen: **Leon klettert darauf, dass …**

**1** Jeweils einer der beiden Sätze pro Aufgabe enthält ein Präpositionalobjekt, der andere ein präpositionales Adverbial. Trotzdem sehen beide Präpositionalgruppen gleich aus. Finde mithilfe der Probe heraus, welcher Satz das Objekt und welcher das Adverbial enthält. Unterstreiche zuerst die identische Präpositionalgruppe.

1. a) Marie hofft <u>auf Schnee.</u>
   b) Marie liegt <u>auf Schnee.</u>

   → Das Präpositionalobjekt

   ist in Satz ___a)___ ,

   das Adverbial in Satz ___b)___ .

> Merke:
> Auf Verben, die eine bestimmte Präposition fordern, folgt <u>immer</u> ein Präpositionalobjekt. Wird die Präposition nicht gefordert, handelt es sich um ein präpositionales Adverbial.

2. a) Leon geht von dem Spiel nach Hause.
   b) Leon erzählt von dem Spiel.

   → Das Präpositionalobjekt ist in Satz _____ , das Adverbial in Satz _____ .

3. a) Marie kümmert sich um Pablo.
   b) Marie tanzt um Pablo.

   → Das Präpositionalobjekt ist in Satz _____ , das Adverbial in Satz _____ .

4. a) Leon stellt Kerzen auf den Kuchen.
   b) Leon freut sich auf den Kuchen.

   → Das Präpositionalobjekt ist in Satz _____ , das Adverbial in Satz _____ .

5. a) Marie erinnert Leon an das Tor.
   b) Marie lehnt sich an das Tor.

   → Das Präpositionalobjekt ist in Satz _____ , das Adverbial in Satz _____ .

Eine weitere Unterscheidungsmöglichkeit ist die Probe 2:
Ersetze die Präposition durch andere Präpositionen (z. B. **auf** durch **unter**, **vor** durch **hinter**, **nach** durch **vor** usw.). Wenn es klappt, handelt es sich um ein präpositionales Adverbial, wenn nicht, um ein Präpositionalobjekt. Vergleiche das Beispiel:

**Leon wartet** <u>**auf den Zug.**</u> → Man kann **auf** nicht durch andere Präpositionen wie **unter**, **neben** usw. austauschen (→ Präpositionalobjekt).

**Leon klettert** <u>**auf den Zug.**</u> → Man kann **auf** durch andere Präpositionen wie **unter**, **neben** usw. austauschen (→ präpositionales Adverbial).

**2** Unterstreiche die Präposition im Satz mit seinem zugehörigen Nomen und den Begleitern. Überprüfe, ob du die Präposition gegen eine andere austauschen kannst. Wenn ja, handelt es sich um ein präpositionales Adverbial, wenn nein, handelt es sich um ein Präpositionalobjekt. Kreuze die korrekte Antwort an. Mögliche Präpositionen zum Einsetzen: vor, nach, auf, über, unter, neben, bei, gegen, für, um

1. Leon wartet <u>auf der Brücke</u>.

   → Ich kann einsetzen: _vor, auf, unter, neben, bei_ _____

   ☐ Präpositionalobjekt          ☒ präpositionales Adverbial

2. Leon wartet auf die verspätete Marie.

   → Ich kann einsetzen: _____

   ☐ Präpositionalobjekt          ☐ präpositionales Adverbial

3. Es geht Leon um das Prinzip.

   → Ich kann einsetzen: _____

   ☐ Präpositionalobjekt          ☐ präpositionales Adverbial

4. Leon geht um den Baum.

   → Ich kann einsetzen: _____

   ☐ Präpositionalobjekt          ☐ präpositionales Adverbial

5. Marie legt das Stöckchen vor Pablo.

   → Ich kann einsetzen: _____

   ☐ Präpositionalobjekt          ☐ präpositionales Adverbial

# Das Attribut – adjektivisches Attribut

Attribute sind Beifügungen zu einem Nomen. Sie gehören zu dem Satzglied, zu dem das Nomen gehört: **Der große Baum blüht.**

Das Adjektiv **große** ist ein Attribut zum Subjekt, weil **Baum** der Hauptteil des Subjekts des Satzes ist.

Wir haben auf den vorangegangenen Seiten alle Satzglieder behandelt, die außer dem Prädikat im Satz auftreten können: Subjekt, Akkusativobjekt, Dativobjekt, Präpositionalobjekt, Adverbial. Alle diese Satzglieder können Attribute enthalten:

**Leon**         sortiert         **Steine.**

Subjekt    Attribut             Akkusativobjekt    Attribut

**Der konzentrierte Leon**    sortiert    **Steine aus seiner Sammlung.**

      Subjekt mit Attribut                   Akkusativobjekt mit Attribut

Beide Sätze haben dieselben Satzglieder. Aber im zweiten Satz sind das Subjekt und das Akkusativobjekt sehr lang: Sie enthalten Attribute.

Das <u>adjektivische Attribut</u> erfragst du mit **Welcher/Welche/Welches …?**:

**Das Haus**          ist schön.     **Welches Haus?**

Subjekt ohne Attribut

Attribut

**Das rote Haus**         ist schön.

Subjekt mit Attribut

---

**1** In den folgenden Sätzen sind die Satzglieder, die zum Prädikat gehören, unterstrichen, aber nicht bezeichnet. Es gibt immer genau ein adjektivisches Attribut. Unterstreiche es und schreibe auf, zu welchem Satzglied es gehört.

1. <u>Der freundliche Mann</u> fragt <u>Leon</u> <u>nach dem Weg</u>.

   Das Adjektiv <u>freundliche</u> _____ ist Attribut zum <u>Subjekt</u> _____.

2. <u>Der Mann</u> fragt <u>den hilfsbereiten Leon</u> <u>nach dem Weg</u>.

   Das Adjektiv _____ ist Attribut zum _____.

3. <u>Der Mann</u> fragt <u>Leon</u> <u>nach dem langen Weg</u>.

   Das Adjektiv _____ ist Attribut zum _____.

4. <u>Die kluge Marie</u> gibt <u>Leon</u> <u>einen Hinweis</u>.

   Das Adjektiv _____ ist Attribut zum _____.

# Das Attribut – Genitivattribut

Eine weitere Art des Attributs ist das Genitivattribut. Wie adjektivische Attribute gibt es nähere Informationen über das zugehörige Satzglied.
Du erfragst es mit **Wessen...?**:

Der Hund                      bellt.           **Wessen Hund?**

Subjekt
ohne Attribut             Genitivattribut

**Der Hund     des Nachbarn     bellt.**

Subjekt mit Attribut

**Leon streichelt den Hund.**             **Wessen Hund?**

Akkusativobjekt ohne Attribut

Genitivattribut

**Leon streichelt den Hund des Nachbarn.**

Akkusativobjekt mit Attribut

**2** Unterstreiche alle Genitivattribute und schreibe auf, zu welchem Satzglied sie jeweils gehören.

1. Leon erreicht das Ende der Straße.

Das *Akkusativobjekt* _____ enthält ein Genitivattribut.

2. Das Auto der Nachbarn steht vor dem Haus.

Das _____ enthält ein Genitivattribut.

3. Marie wartete auf das Ende der Schulstunde.

Das _____ enthält ein Genitivattribut.

4. Leon liest dem kleinen Bruder eines Freundes ein Kinderbuch vor.

Das _____ enthält ein Genitivattribut.

5. Die Schultasche lässt Marie im Haus ihrer Freundin.

Das _____ enthält ein Genitivattribut.

# Das Attribut – Präpositionalattribut

Eine weitere Art des Attributs ist das Präpositionalattribut. Bisher haben wir Präpositionen, die dazugehörigen Nomen und ihre Begleiter als Präpositionalobjekte und präpositionale Adverbiale behandelt. Sie können aber auch Attribute sein, wenn sie zu einem anderen Satzglied gehören. Du erfragst sie mit **Welcher/Welche/Welches …?**:

**Das Haus**                                          ist schön.          **Welches Haus?**

Subjekt ohne Attribut

Präpositionalattribut

**Das Haus**          **auf dem Berg**          ist schön.

Subjekt mit Attribut

**Leon besucht einen Freund.**                    **Welchen Freund?**

Akkusativobjekt ohne Attribut

Präpositionalattribut

**Leon besucht einen Freund aus Bayern.**

Akkusativobjekt mit Attribut

---

**1**   Unterstreiche alle Präpositionalattribute und schreibe auf, zu welchem Satzglied sie jeweils gehören.

1. Die Schultasche liegt auf der Bank vor der Küche.

Das <u>Adverbial des Ortes</u> enthält ein Präpositionalattribut.

2. Leons Lehrerin mit den roten Haaren hat eine ziemlich laute Stimme.

Das _____ enthält ein Präpositionalattribut.

3. Der Füller gehört dem Jungen von nebenan.

Das _____ enthält ein Präpositionalattribut.

4. Die Geschichten aus dem Mittelalter gefallen Marie besonders.

Das _____ enthält ein Präpositionalattribut.

5. Leon findet auf dem Gehweg ein Portmonee mit einem Ausweis.

Das _____ enthält ein Präpositionalattribut.

# Das Attribut – Relativsatz

Eine weitere Art des Attributs ist der Relativsatz. Er ist ein Attribut in Satzform und wird mit **der**, **die**, **das** oder **welcher**, **welche**, **welches** eingeleitet.
Auch Relativsätze kannst du mit **Welcher/Welche/Welches …?** erfragen:

**Das Haus**                                 **ist schön.**      **Welches Haus?**

Subjekt
ohne Attribut            Attribut: Relativsatz

**Das Haus,**      **das auf dem Berg steht,**      **ist schön.**

Subjekt mit Attribut

**1** Unterstreiche alle Relativsätze und schreibe auf, zu welchem Satzglied sie jeweils gehören.

1. Leon besucht das Haus, das seine Großeltern bewohnen.

   Das _Akkusativobjekt_____ enthält einen Relativsatz als Attribut.

2. Maries Schultasche, die sechs Kilogramm wiegt, liegt in der Küche.

   Das _____ enthält einen Relativsatz als Attribut.

3. Maries Schultasche liegt in der Küche, die gerade nicht aufgeräumt ist.

   Das _____ enthält einen Relativsatz als Attribut.

4. Leon, der etwas spät dran ist, muss sich beeilen.

   Das _____ enthält einen Relativsatz als Attribut.

5. Marie ruft Pablo, der gerade im Park umherläuft.

   Das _____ enthält einen Relativsatz als Attribut.

6. Leons Opa träumt von dem Auto, das er als junger Mann fuhr.

   Das _____ enthält einen Relativsatz als Attribut.

7. Nächsten Monat trifft Marie ihre Freundin, die sie aus dem Kindergarten kennt.

   Das _____ enthält einen Relativsatz als Attribut.

# Attribute erkennen und unterscheiden

Auf den vorangegangenen Seiten hast du geübt, die verschiedenen Arten von Attributen zu erkennen. Zusammengefasst gab es diese Möglichkeiten, ein Attribut zu bilden:

**Das Haus ist schön.**
Subjekt

**Welches Haus?**

adjekt. Attribut
**Das rote Haus ist schön.**
Subjekt mit Attribut

Genitivattribut
**Das Haus des Bürgermeisters ist schön.**
Subjekt mit Attribut

Präpositionalattribut
**Das Haus auf dem Berg ist schön.**
Subjekt mit Attribut

Attribut: Relativsatz
**Das Haus, das auf dem Berg steht, ist schön.**
Subjekt mit Attribut

---

**1** Unterstreiche alle Attribute, bestimme sie und schreibe auf, zu welchem Satzglied sie jeweils gehören.

1. Leon bewohnt ein Haus, das keinen Schornstein hat.

   Das _Akkusativobjekt_ enthält ein(en) _Relativsatz_ .

2. Das Kleid mit den Blumen liegt auf dem Stuhl.

   Das _____ enthält ein(en) _____ .

3. Das T-Shirt hat einen Aufdruck, der Leon sehr gefällt.

   Das _____ enthält ein(en) _____ .

4. Die Antwort des Lehrers hat Marie nicht verstanden.

   Das _____ enthält ein(en) _____ .

5. Marie führt Pablo in einen Park am Stadtrand.

Das _____ enthält ein(en) _____ .

6. Leon packt seinen brandneuen Koffer.

Das _____ enthält ein(en) _____ .

7. Am kommenden Freitag schreibt Marie eine Klassenarbeit.

Das _____ enthält ein(en) _____ .

8. Am Montag machen alle Klassen aus Maries Schule einen Ausflug.

Das _____ enthält ein(en) _____ .

9. Marie und Leon lösen das Rätsel der Woche.

Das _____ enthält ein(en) _____ .

**2** Schreibe das Akkusativobjekt des Satzes noch einmal auf und füge das genannte Attribut hinzu. Die verschiedenen Attributarten findest du im schwarzen Kasten.

| mit einer Schokoglasur | ~~leckeren~~ | der ihr schmecken wird | ihrer Wahl |

1. Leon backt Marie einen Kuchen.

adjektivisches Attribut: *einen leckeren Kuchen* _____

2. Leon backt Marie einen Kuchen.

Präpositionalattribut: _____

3. Leon backt Marie einen Kuchen.

Genitivattribut: _____

4. Leon backt Marie einen Kuchen.

Relativsatz: _____

**1** Ermittle das Lösungswort auf die folgende Weise: Bestimme die unterstrichenen Satzglieder und Attribute. Trage die Lösung bei derselben Nummer wie die jeweilige Satznummer ein. Folgende Lösungen kommen infrage:

| Subjekt | Adverbial | Akkusativobjekt | Dativobjekt | Genitivattribut |
|---|---|---|---|---|
| | Prädikat | Präpositionalobjekt | Subjekt | |

1. <u>Marie</u> schläft.

2. Leon gibt Marie <u>ein Gummibärchen</u>.

3. Marie und Leon <u>haben</u> ihre Hausaufgaben <u>gemacht</u>.

4. Marie und Leon treffen sich <u>in der Schule</u>.

5. Marie denkt <u>an Pablo</u>.

6. Leon hat das Spiel <u>des Jahres</u> geschenkt bekommen.

7. Gestern hatte <u>die Schule</u> geschlossen.

8. Marie hilft <u>ihrer Mutter</u> beim Abwasch.

| | | | | | Lösungs-wort | | | | | | | | | | | | | | | | | | |
|---|---|---|---|---|---|---|---|---|---|---|---|---|---|---|---|---|---|---|---|---|---|---|---|
| 1. | | | | | | | | | | | | | | | | | | | | | | | |
| 2. | | | | | | | | | | | | | | | | | | | | | | | |
| 3. | | | | | | | | | | | | | | | | | | | | | | | |
| 4. | | | | | | | | | | | | | | | | | | | | | | | |
| 5. | | | | | | | | | | | | | | | | | | | | | | | |
| 6. | | | | | | | | | | | | | | | | | | | | | | | |
| 7. | | | | | | | | | | | | | | | | | | | | | | | |
| 8. | | | | | | | | | | | | | | | | | | | | | | | |

**Lösungswort:** _____

# Das hast du geübt

Ich …                                                                        ✓

| | |
|---|---|
| … kann Prädikate mit Vollverben und Kopulaverben erkennen und bilden. | S. 28 |
| … kann Prädikate aus Hilfsverbgefügen erkennen und Tempora bilden. | S. 29 |
| … kann Modalverbgefüge bilden und alle behandelten Prädikatstypen auseinanderhalten. | S. 30/31 |
| … kann Subjekt, Dativobjekt, Akkusativobjekt und Präpositionalobjekt mithilfe der Frageprobe voneinander unterscheiden. | S. 32/33 |
| … kenne unterschiedliche Typen von Adverbialen und kann sie zuordnen. | S. 34/35 |
| … kann Präpositionalobjekte von präpositionalen Adverbialen unterscheiden und kenne dazu zwei Proben. | S. 36/37 |
| … erkenne adjektivische Attribute und kann sie bilden. | S. 38 |
| … erkenne Genitivattribute. | S. 39 |
| … erkenne präpositionale Attribute. | S. 40 |
| … erkenne Relativsätze und weiß, dass sie Attribute sind. | S. 41 |
| … kann die verschiedenen behandelten Attributartenarten voneinander unterscheiden und bilden. | S. 42/43 |

**Du hast es geschafft!**

Nun überprüfe dich selbst auf den Seiten 46/47.

# Das kannst du

**1** Unterstreiche alle Wörter, die das Prädikat bilden. Denk dran, dass alle Verben dazu-
gehören. Nur im Fall von Kopulaverben gehören Adjektive oder Nomen zum Prädikat.
Bezeichne den Prädikatstyp mit einer der folgenden vier Bezeichnungen:
Vollverb-Prädikat, Kopulaverbgefüge, Hilfsverbgefüge, Modalverbgefüge.

1. Leon umarmt Marie.

Prädikatstyp: _____

2. Marie will Leon einen Comic kaufen.

Prädikatstyp: _____

3. Leon hat eine alte Münze gefunden.

Prädikatstyp: _____

4. Später wird Marie noch ihr Zimmer aufräumen.

Prädikatstyp: _____

5. Leon ist zufrieden.

Prädikatstyp: _____

6. Heute darf Marie lange mit Pablo spielen.

Prädikatstyp: _____

7. Manchmal kauft Leon sich Süßigkeiten.

Prädikatstyp: _____

**2** Jeder der folgenden Sätze hat genau ein Präpositionalobjekt. Unterstreiche es.

1. Marie wartet auf besseres Wetter.

2. Marie und Leon erzählen ihren Freunden vom Wochenende.

3. Marie wettet auf Leons Murmel.

4. Leon überprüft Maries Matheaufgabe auf ihre Richtigkeit.

**3** Jeder der folgenden Sätze besitzt ein präpositionales Adverbial.
Unterstreiche es und schreib den Typ des Adverbials auf.

1. Am Tag kann Leon schlecht schlafen.

   Fragewort: _____ ? → ein Adverbial _____

2. Marie und Leon haben sich auf dem Schulhof verabredet.

   Fragewort: _____ ? → ein Adverbial _____

3. Marie, Leon und Pablo gehen wegen des Regens nicht raus.

   Fragewort: _____ ? → ein Adverbial _____

**4** Unterstreiche alle Attribute, bestimme sie und schreibe auf, zu welchem Satzglied sie
jeweils gehören.

1. Leon besucht eine Schule mit gymnasialer Oberstufe.

   Das _____ enthält ein(en) _____ .

2. Der Ball mit dem Aufdruck fliegt in den Basketballkorb.

   Das _____ enthält ein(en) _____ .

3. Marie trinkt aus einer Tasse mit ihrem Lieblingstee.

   Das _____ enthält ein(en) _____ .

4. Die Frage des Busfahrers hat Leon nicht mitbekommen.

   Das _____ enthält ein(en) _____ .

---

**Super, du hast den Test geschafft! Schätze deine Leistung ein:**  ☺  😐  ☹

Hier ist Platz für eine Rückmeldung von deiner Lehrerin oder deinem Lehrer:

_____

_____

# Die Satzklammer

Die wichtigsten Wörter im Satz haben immer die gleiche Stellung:

| Vorfeld | linke Satzklammer | Mittelfeld | rechte Satzklammer |
|---------|-------------------|------------|--------------------|
| Leon | schreibt | heute eine Arbeit. | |
| Leon | muss | heute eine Arbeit | schreiben. |
| Der kluge Leon | hat | heute eine Arbeit | geschrieben. |
| Heute | hat | Leon eine Arbeit | geschrieben. |

Satzklammer (Prädikat: **hat geschrieben**, **muss schreiben** usw.)

An der Tabelle kannst du Folgendes beobachten: In der linken und rechten Satzklammer stehen die Verben, die das Prädikat bilden. Wenn das Prädikat nur aus einem Verb besteht, bleibt die rechte Satzklammer leer. Im Vorfeld steht immer genau ein Satzglied, die restlichen Satzglieder stehen im Mittelfeld.

**1** Finde die Verben, die das Prädikat bilden. Verbinde sie, indem du eine Klammer unter ihnen ziehst. Schreibe die beiden Wörter noch einmal nebeneinander.

1. Marie und Leon wollen sich Sammelkarten kaufen.

→ Prädikat: wollen kaufen

2. Marie kann ihre Federtasche nicht finden.

→ Prädikat: _____

3. Morgen will Leon ins Kino gehen.

→ Prädikat: _____

4. Marie hat ihre Federtasche gefunden.

→ Prädikat: _____

5. Gestern haben Marie und Leon Pablo beschäftigt.

→ Prädikat: _____

Schau auf die Beispielsätze:

| Vorfeld | linke Satzklammer | Mittelfeld | rechte Satzklammer |
|---------|-------------------|------------|--------------------|
| Leon | schreibt | seine Gedanken | auf. |
| Leon | hat | seine Gedanken | aufgeschrieben. |

An den Beispielen kannst du folgende Dinge erkennen:
- In der rechten Satzklammer stehen nicht nur ganze Verben, sondern auch die Teile der Verben, die im Aussagesatz abgetrennt werden (**aufschreiben** – **Leon schreibt <u>auf</u>**).
- Im Perfektsatz steht das Verb mit dem Zusatz **aber** als <u>nur ein</u> Wort in der rechten Satzklammer.

> Schau in den blauen Kasten (auch auf der vorigen Seite) – dort siehst du, wie es geht.

**2** Schreibe den Satz noch einmal auf. Teile dabei die Verben in die linke und rechte Satzklammer auf und schreibe die umliegenden Wörter in die anderen Felder.

1. Marie kann ihre Federtasche nicht finden.

| Vorfeld | linke Satzklammer | Mittelfeld | rechte Satzklammer |
|---------|-------------------|------------|--------------------|
| Marie | kann | ihre Federtasche nicht | finden. |

2. Marie und Leon gehen morgen shoppen.

| Vorfeld | linke Satzklammer | Mittelfeld | rechte Satzklammer |
|---------|-------------------|------------|--------------------|
| | | | |

3. Leon möchte mit Marie Kerzen gießen.

| Vorfeld | linke Satzklammer | Mittelfeld | rechte Satzklammer |
|---------|-------------------|------------|--------------------|
| | | | |

4. In der Pause kann Marie mit Leon sprechen.

| Vorfeld | linke Satzklammer | Mittelfeld | rechte Satzklammer |
|---------|-------------------|------------|--------------------|
| | | | |

5. Leider hat Leon sein Geld vergessen.

| Vorfeld | linke Satzklammer | Mittelfeld | rechte Satzklammer |
|---------|-------------------|------------|--------------------|
| | | | |

# Das Vorfeld im Satz

Das Vorfeld wird durch genau ein Satzglied besetzt:

| Vorfeld | linke Satzklammer | Mittelfeld | rechte Satzklammer |
|---|---|---|---|
| Marie und Leon | haben | gestern den Hund Pablo | betreut. |
| Gestern | haben | Marie und Leon den Hund Pablo | betreut. |
| Den Hund Pablo | haben | Marie und Leon gestern | betreut. |

Satzklammer (Prädikat)

Wenn du ein bestimmtes Satzglied (wie das Adverbial **gestern**) in das Vorfeld bewegst, um es z. B. hervorzuheben, muss dasjenige, das ursprünglich dort stand, in das Mittelfeld gerückt werden. So kannst du herausfinden, welche Wörter ein Satzglied bilden.

**1** Stelle alle Satzglieder einmal ins Vorfeld, wie im blauen Kasten gezeigt.

1. Marie wird morgen wahrscheinlich verreisen.

| Vorfeld | linke Satzklammer | Mittelfeld | rechte Satzklammer |
|---|---|---|---|
| Marie | wird | morgen wahrscheinlich | verreisen. |
| | | | |
| | | | |

2. Leon hat leider sein Heft vergessen.

| Vorfeld | linke Satzklammer | Mittelfeld | rechte Satzklammer |
|---|---|---|---|
| | | | |
| | | | |
| | | | |

# Aussage-, Frage- und Aufforderungssätze umformen

Nicht nur in Aussagen bilden die Wörter im Satz eine Klammer und Felder, sondern auch in Fragen und Aufforderungen:

| Vorfeld | linke Satzklammer | Mittelfeld | rechte Satzklammer |
|---|---|---|---|
| Leon | will | seine Gedanken | aufschreiben. |
| | Will | Leon seine Gedanken | aufschreiben? |
| (Leon,) | Schreib | deine Gedanken | auf! |

An den Beispielen kannst du folgende Dinge erkennen:
- In der rechten Satzklammer stehen nicht nur ganze Verben, sondern auch die Teile der Verben, die im Aussagesatz abgetrennt werden (**aufschreiben – Leon schreibt auf**).
- Auch bei Aufforderungssätzen und Fragesätzen stehen die Verben oder Verbteile in der linken und rechten Satzklammer. Wenn vor dem ersten Verb kein Satzglied steht, ist das Vorfeld nicht besetzt.

**1** Bilde aus dem Aussagesatz einen Fragesatz und einen Aufforderungssatz, wie im blauen Kasten gezeigt.

1. Marie kann ihr Buch nicht finden.

| Vorfeld | linke Satzklammer | Mittelfeld | rechte Satzklammer |
|---|---|---|---|
| Marie | kann | ihr Buch nicht | finden. |
| | | | |
| | | | |

2. Marie und Leon wollen länger einkaufen.

| Vorfeld | linke Satzklammer | Mittelfeld | rechte Satzklammer |
|---|---|---|---|
| | | | |
| | | | |
| | | | |

# Der Objektsatz

Bisher haben wir Satzglieder behandelt, die aus einzelnen Wörtern im Satz bestanden. Aber auch ganze Sätze können Satzglieder sein. Häufig sind die Akkusativobjekte von Verben Sätze mit der Subjunktion **dass**. Wir nennen sie dann <u>Objektsätze</u>. Sie werden immer durch ein <u>Komma</u> abgetrennt:

**Leon sieht <u>Maries Tanzen</u>.**     (normales Akkusativobjekt)
**Leon sieht, <u>dass Marie tanzt</u>.**   (Objektsatz)

Objektsätze erfragst du wie normale Akkusativobjekte:
**<u>Wen oder was</u> sieht Leon? – Dass Marie tanzt.**

Denk dran:
Auch Objektsätze werden
immer mit einem Komma
abgetrennt.

**1** Bilde Objektsätze, indem du den zweiten Satz als einen **dass**-Satz anfügst.
Setze davor ein Komma.

1. Leon sieht _, dass Marie gerade tanzt_____ . (Marie tanzt gerade.)

   → Frage: _Wen oder was sieht Leon?_____ ?

2. Marie merkt _____ . (Leon ist traurig.)

   → Frage: _____ ?

3. Leon meint _____ . (Pablo will nach Hause.)

   → Frage: _____ ?

4. Marie findet _____ . (Leon spielt gut.)

   → Frage: _____ ?

5. Leon erwartet _____ . (Es regnet gleich.)

   → Frage: _____ ?

6. Marie fürchtet _____ . (Pablo könnte frieren.)

   → Frage: _____ ?

Es gibt noch andere Möglichkeiten, ein Objekt anzuschließen:
- **Leon vermutet, dass Marie gerade tanzt**.  (dass-Nebensatz)
- **Leon vermutet, Marie tanzt gerade**.  (uneingeleiteter Nebensatz)
- **Leon versucht, einen Salto zu machen**.  (erweiterter Infinitiv mit zu)

**2** Schließe die dass-Sätze als uneingeleitete Nebensätze an. Setze davor immer ein Komma.

1. Marie merkt, dass Leon traurig ist.

→ Marie merkt , Leon ist traurig .

2. Leon meint, dass Pablo nach Hause will.

→ Leon meint _____ .

3. Marie findet, dass Leon gut spielt.

→ Marie findet _____ .

4. Marie fürchtet, dass Pablo frieren könnte.

→ Marie fürchtet _____ .

**3** Schließe die dass-Sätze als erweiterte Infinitive an. Setze davor immer ein Komma.

1. Marie beginnt damit, dass sie Pablo wäscht.

→ Marie beginnt (damit) , Pablo zu waschen .

2. Leon glaubt, dass er Pablo sieht.

→ Leon glaubt _____ .

3. Marie hat vergessen, dass sie ein Brot mitnimmt.

→ Marie hat vergessen _____ .

4. Leon entschließt sich dazu, dass er Marie schreibt.

→ Leon entschließt sich (dazu) _____ .

# Die Unterscheidung von Subjekt- und Objektsatz

Ein dass-Satz muss nicht zwingendermaßen ein Objekt zu einem Verb sein. Er kann auch ein Subjekt darstellen. Subjektsätze und Objektsätze kannst du durch die Frageprobe unterscheiden:

**Dass Leons Eltern nicht rauchen, ist gut.**
→ <u>**Wer oder was**</u> **ist gut?** – Dass Leons Eltern nicht rauchen.
→ Subjektsatz

**Dass Leon Fußball spielt, weiß in der Klasse jeder.**
→ <u>**Wen oder was**</u> **weiß in der Klasse jeder?** – Dass Leon Fußball spielt.
→ Objektsatz

**1** Finde durch die Frageprobe heraus, ob es sich beim dass-Satz um einen Subjektsatz oder Objektsatz handelt.

Beachte:
Um den dass-Satz zu erfragen, musst du die Frageprobe auf das Verb des Hauptsatzes anwenden.

1. Dass die Sonne scheint, sieht Marie erst jetzt.

   Frage: <u>Wen oder was sieht Marie erst jetzt</u> ?

   → <u>Objektsatz</u>

2. Dass die Sonne scheint, kommt Leon gelegen.

   Frage: _____ ?

   → _____

3. Dass Leon komisch tanzt, amüsiert Marie.

   Frage: _____ ?

   → _____

4. Dass Pablo sich freut, ist die Hauptsache.

   Frage: _____ ?

   → _____

5. Dass Pablo sich freut, erkennt man leicht.

   Frage: _____ ?

   → _____

# Die Unterscheidung von das- und dass-Sätzen

Sätze mit dem Einleitewort **das** und Sätze mit dem Einleitewort **dass** werden häufig verwechselt. So hältst du sie auseinander: Sätze mit **das** als Einleitewort sind <u>Relativsätze</u>, Sätze mit **dass** als Einleitewort sind <u>Objektsätze</u> oder <u>Subjektsätze</u>. Verwende auch hier die Frageprobe, um herauszubekommen, um welchen Satztyp es sich handelt:

1. **Das Haus, das am Ende der Straße steht, ist verfallen.**
   → **<u>Welches Haus</u> ist verfallen? – Das am Ende der Straße steht.**
   → Relativsatz
2. **Leon denkt, dass das Haus schon lange verlassen wurde.**
   → **<u>Wen oder was</u> denkt Leon? – Dass das Haus schon lange verlassen wurde.**
   → Objektsatz
3. **Leon interessiert, dass das Haus unbewohnt ist.**
   → **<u>Wer oder was</u> interessiert Leon? – Dass das Haus unbewohnt ist.**
   → Subjektsatz

**1** Finde durch die Frageprobe heraus, ob es sich um einen Relativsatz, Objektsatz oder Subjektsatz handelt. Entscheide dich, ob du das oder dass schreiben musst, und streiche das falsche Wort durch.

1. Marie sucht nach einem Wort, das/~~dass~~ ihre Gefühle beschreibt.

   → Satztyp: <u>Relativsatz</u>

2. Marie und Leon möchten, **das/dass** Pablo den Stock zurückbringt.

   → Satztyp: _____

3. Leon hat herausgefunden, **das/dass** seine Jacke eine Geheimtasche hat.

   → Satztyp: _____

4. Leon trinkt ein Getränk, **das/dass** nach Erdbeere schmeckt.

   → Satztyp: _____

5. Marie ärgert, **das/dass** das Wetter gleich umschlägt.

   → Satztyp: _____

6. Leon sucht ein Buch, **das/dass** Marie ihm geliehen hat.

   → Satztyp: _____

# Der Adverbialsatz

Auf den Seiten 34 und 35 hast du bereits Adverbiale bestimmt. Hier geht es nun um Sätze, die ein Adverbial sind. Diese werden meistens mit einer Subjunktion eingeleitet. Du kannst den Typ des Adverbials nicht nur erfragen, sondern auch an der Subjunktion erkennen.

- **weil** (Grund): **Marie singt, <u>weil</u> sie fröhlich ist.** (Frage: **Warum?**)
- **als, während, wenn, nachdem, bevor** (Zeit):
  **Marie geht schlafen, <u>nachdem</u> sie die Zähne geputzt hat.** (Frage: **Wann?**)
- **wenn, falls** (Bedingung): **Leon trifft sich mit Marie, <u>falls</u> er Zeit hat.**
  (Frage: **Unter welcher Bedingung?**)
- **damit** (Zweck): **Marie lässt die Tür offen, <u>damit</u> Pablo hinein kann.**
- **indem** (Art und Weise): **Leon trocknet seine Hände, <u>indem</u> er sie fönt.**
  (Frage: **Wie?**)

Beachte:
Die Subjunktion **wenn** ist doppeldeutig:
Sie kann einen Adverbialsatz der Zeit
<u>oder</u> der Bedingung einleiten.

**1** Unterstreiche den gesamten Adverbialsatz. Gib an, um welche Art des Adverbialsatzes es sich handelt. Du erkennst das an der Subjunktion. Du kannst den Satz aber auch erfragen. Beachte, dass die Adverbialsätze sowohl vorangestellt als auch nachgestellt sein können.

1. Marie sucht nach einem Stift, <u>weil sie etwas notieren möchte.</u>

   → Adverbialsatz <u>des Grundes</u>

2. Wenn Marie dazu noch Lust hat, kann sie Leon besuchen.

   → Adverbialsatz _____

3. Marie und Leon pfeifen, damit Pablo herkommt.

   → Adverbialsatz _____

4. Leon lenkt Pablo ab, indem er in die Hände klatscht.

   → Adverbialsatz _____

5. Als der Wind stärker wird, gehen Marie und Leon mit einem Drachen raus.

   → Adverbialsatz _____

**2** Schließe an den ersten Satz einen Adverbialsatz an, indem du den zweiten Satz umformulierst: Wähle die passende Subjunktion und forme den Satz in einen Nebensatz um.

Die passende Subjunktion findest du im blauen Kasten auf der linken Seite.

1. Marie freut sich.                    Sie kann heute Pablo versorgen.

   → Adverbialsatz des Grundes

   → Marie freut sich, <u>weil sie heute Pablo versorgen kann</u>.

2. Leon geht ins Bett      .             Er hat sich die Zähne geputzt.

   → Adverbialsatz der Zeit

   → Leon geht ins Bett, _____.

3. Leon putzt sich die Zähne.           Er bekommt keine Löcher.

   → Adverbialsatz des Zwecks

   → Leon putzt sich die Zähne, _____.

4. Marie korrigiert die Aufgabe.        Sie nimmt einen Radiergummi.

   → Adverbialsatz der Art und Weise

   → Marie korrigiert die Aufgabe, _____.

5. Marie korrigiert die Aufgabe.        Sie hat einen Fehler entdeckt.

   → Adverbialsatz des Grundes

   → Marie korrigiert die Aufgabe, _____.

6. Leon geht zur Schule.                Er hat gefrühstückt.

   → Adverbialsatz der Zeit

   → Leon geht zur Schule, _____.

7. Marie wird anrufen.                  Pablo geht es nicht gut.

   → Adverbialsatz der Bedingung

   → Marie wird anrufen, _____.

**1** Schreibe die Nummer der Frage unter den Begriff, zu der dieser die Antwort ist.

| Vorfeld | Satz-klammer | Mittelfeld | Subjekt-satz | Objekt-satz | Relativ-satz | Adverbial-satz |
|---|---|---|---|---|---|---|
|  |  |  |  |  |  |  |

1. Ein Satz, der kein Subjekt, kein Objekt und kein Attribut ist:

_____

2. Ein Satz, den du mit „Wer oder was?" erfragen kannst:

_____

3. Ein Satz, der ein Attribut ist und meistens mit der, die oder das eingeleitet wird:

_____

4. Ein Teil des Satzes, der das Prädikat enthält und aus einem linken
und einem rechten Teil besteht:

_____

5. Ein Satz, den du mit „Wen oder was?" erfragen kannst:

_____

6. Der Bereich vor der linken Satzklammer, der genau ein Satzglied enthält:

_____

7. Der Bereich zwischen der linken und der rechten Satzklammer:

_____

Das Lösungswort ergibt sich aus der Reihenfolge der Zahlen: Jede Zahl von oben steht
für einen Buchstaben dieser Tabelle. Schreibe es hier auf:

**Lösungswort:** _____

| 1 | 2 | 3 | 4 | 5 | 6 | 7 |
|---|---|---|---|---|---|---|
| ! | Ö | T | E | S | G | L |

# Das hast du geübt

Ich ...

| | ✓ | |
|---|---|---|
| ... weiß, dass das Prädikat die Satzklammer bildet, und kann sie erkennen. | ☐ | S. 48/49 |
| ... weiß, dass im Vorfeld nur ein Satzglied steht, und kann verschiedene Satzglieder ins Vorfeld stellen. | ☐ | S. 50 |
| ... kann Fragesätze und Aufforderungssätze bilden und auch hier das Prädikat der Satzklammer zuordnen. | ☐ | S. 51 |
| ... kenne verschiedene Formen des Objektsatzes und kann sie zuordnen. | ☐ | S. 52/53 |
| ... kann Relativsatz, Subjektsatz und Objektsatz voneinander unterscheiden. | ☐ | S. 54/55 |
| ... kenne unterschiedliche Arten von Adverbialsätzen und ihre Subjunktionen. Ich kann ihre Bedeutungen zuweisen. | ☐ | S. 56/57 |

**Du hast es geschafft!**

Nun überprüfe dich selbst auf den Seiten 60/61.

# Das kannst du

**1** Schreibe den Satz noch einmal auf. Teile dabei die Verben in die linke und rechte Satz-klammer auf und schreibe die umliegenden Wörter in die anderen Felder.

1. Marie will in Leons neuem Comicheft lesen.

| Vorfeld | linke Satzklammer | Mittelfeld | rechte Satzklammer |
|---------|-------------------|------------|--------------------|
|         |                   |            |                    |

2. Leon ist noch nie Achterbahn gefahren.

| Vorfeld | linke Satzklammer | Mittelfeld | rechte Satzklammer |
|---------|-------------------|------------|--------------------|
|         |                   |            |                    |

3. Marie und Leon dürfen mit Pablo spielen.

| Vorfeld | linke Satzklammer | Mittelfeld | rechte Satzklammer |
|---------|-------------------|------------|--------------------|
|         |                   |            |                    |

**2** Finde durch die Frageprobe heraus, ob es sich beim **dass**-Satz um einen Subjektsatz oder Objektsatz handelt.

1. Marie hat mitbekommen, dass Leon nicht gut drauf ist.

Frage: _____ ?

→ _____

2. Man kann sehen, wenn Pablo sich freut.

Frage: _____ ?

→ _____

3. Dem Lehrer gefällt, dass Marie die Aufgabe gleich gelöst hat.

Frage: _____ ?

→ _____

**3** Bilde aus dem Aussagesatz einen Fragesatz oder einen Aufforderungssatz, wie jeweils angegeben.

1. Leon macht das Fenster auf.          → Bilde einen <u>Aufforderungssctz</u>.

| Vorfeld | linke Satzklammer | Mittelfeld | rechte Satzklammer |
|---|---|---|---|
| | | | |

2. Marie macht das Fenster wieder zu.        → Bilde einen <u>Fragesatz</u>.

| Vorfeld | linke Satzklammer | Mittelfeld | rechte Satzklammer |
|---|---|---|---|
| | | | |

**4** Finde durch die Frageprobe heraus, ob es sich um einen Relativsatz, Objektsatz oder Subjektsatz handelt. Entscheide dich, ob du **das** oder **dass** schreiben musst, und streiche das falsche Wort durch.

1. Marie wohnt in dem Haus, das/dass ihre Großeltern schon bewohnt haben.

    → Satztyp: _____

2. Leon denkt, das/dass Oliven nicht schmecken.

    → Satztyp: _____

3. Marie ahnt, das/dass Leon heute Eis essen möchte.

    → Satztyp: _____

**Super, du hast den Test geschafft! Schätze deine Leistung ein:** ☺ ☺ ☹

Hier ist Platz für eine Rückmeldung von deiner Lehrerin oder deinem Lehrer:

_____

_____

# Fachbegriffe 1: Wortarten und Satzglieder

Hier findest du eine Übersicht zu den Wortarten und zu den Satzgliedern. Zu jeder Wortart und zu jedem Satzglied findest du zur Verdeutlichung Beispiele.

## Wortsarten

| Wortart | | Beispiele |
|---|---|---|
| Artikel | | Marie übt <u>ein</u> Klavierstück. Der Lehrer lobt <u>seine</u> Schüler. |
| Adjektiv | vor dem Nomen | Marie bekommt eine <u>große</u> Portion Eis. |
| | mit dem Verb <u>sein</u> | Leon ist <u>klug</u>. Marie ist <u>fit</u>. |
| Nomen | | <u>Marie</u> isst <u>Eis</u>. Der <u>Lehrer</u> lobt seine <u>Schüler</u>. |
| Verb | Vollverb | Marie <u>isst</u> Eis. Leon wird <u>lachen</u>. |
| | Hilfsverb | Marie <u>hat</u> Eis gegessen. Leon <u>wird</u> lachen. |
| | Modalverb | Marie <u>möchte</u> ein Eis essen. Leon <u>muss</u> laut lachen. |
| | Kopulaverb | Leon <u>ist</u> klug. Marie <u>wird</u> gesund. |
| Adverb | | Wir schreiben <u>morgen</u> einen Test. Leon läuft <u>schnell</u>. |
| Präposition | | <u>Nach</u> der Schule spielen wir. Marie wartet <u>auf</u> Leon. |
| Konjunktion | | Marie liest <u>und</u> Leon arbeitet. Leon ist krank, <u>aber</u> er lernt. |
| Subjunktion | | <u>Wenn</u> es schneit, jubelt Marie. |

## Satzglieder

| Wortart | | Beispiele |
|---|---|---|
| Prädikat | | Der Lehrer <u>lobt</u> Marie. Leon <u>wird</u> noch <u>warten</u>. |
| Subjekt (**Wer …?**) | | <u>Der Lehrer</u> lobt seine Schüler. <u>Marie</u> ist gesund. |
| Objekt | Akkusativobjekt (**Wen …?**) | Der Lehrer lobt <u>seine Schüler</u>. Leon mag <u>Marie</u>. |
| | Dativobjekt (**Wem …?**) | Marie vertraut <u>Leon</u>. Leon gibt <u>dem Hund</u> einen Stock. |
| | Präpositionalobjekt (**Wo(r)- …?**) | Marie wartet <u>auf Leon</u>. Leon denkt <u>an Marie</u>. |
| Adverbial | der Zeit (**Wann …?**) | Marie isst <u>später</u> Eis. |
| | des Orts (**Wo …?**) | Marie isst <u>in der Schule</u> Eis. <u>Dort</u> isst Marie gerne Eis. |
| | des Grunds (**Warum …?**) | Marie isst Eis <u>wegen seines guten Geschmacks</u>. |
| | der Art und Weise (**Wie …?**) | Marie isst ihr Eis <u>schnell</u>. |
| | des Zwecks (**Wozu …?**) | Leon geht zur Schule, <u>damit er viel lernt</u>. |
| Attribut | adjektivisches | Leon schreibt eine <u>gute</u> Klassenarbeit. |
| | präpositionales | Leon trägt ein Shirt <u>mit langen Ärmeln</u>. |
| | Relativsatz | Leon trägt ein Shirt, <u>das er gerade erst gekauft hat</u>. |
| | Genitivattribut | Leon klingelt bei dem Haus <u>seiner Nachbarn</u>. |

# Fachbegriffe 2: Weitere Fachbegriffe

Hier kannst du die Bedeutungen weiterer Fachbegriffe nachlesen.
Die Begriffe sind alphabetisch geordnet.

**Adverbialatz:** Nebensatz, der ein Adverbial des Hauptsatzes ist (**Leon lacht, weil die Sonne scheint.**)

**Attribut:** Beifügung zu einem Satzglied (**Der Hund mit dem Halsband bellt.**)

**Genus:** Geschlecht bei Artikel, Adjektiv, Nomen und Pronomen (Maskulinum, Femininum oder Neutrum).

**Indikativ:** Die normale Modus-Form des Verbs: **Die Aufgabe ist leicht.**

**Infinitiv:** Grundform des Verbs: **gehen**, **lernen**, **herumtanzen**.

**Komparativ:** erste Steigerungsstufe des Adjektivs: **schöner**, **besser**, **klüger**.

**Konjunktiv I:** Modus-Form des Verbs, die man zur Wiedergabe von Sachverhalten verwendet: **Der Lehrer sagt, die Aufgabe sei leicht.**

**Konjunktiv II:** Modus-Form des Verbs, die man zur Wiedergabe von Sachverhalten verwendet, die nicht zutreffen: **Der Lehrer sagt, die Aufgabe wäre leicht, aber Leon findet sie schwer. Leon wünschte, die Aufgabe wäre leicht.**

**Mittelfeld:** Bereich zwischen der linken und der rechten Satzklammer: **Leon hat am Nachmittag einen Kuchen gebacken.**

**Modus:** Kategorie des Verbs mit zwei Ausprägungen, Indikativ (**Die Aufgabe ist leicht.**) und Konjunktiv (**Der Lehrer sagt, die Aufgabe sei leicht.**).

**Numerus:** Beugung des Verbs nach Singular (Einzahl) und Plural (Mehrzahl).

**Objektsatz:** Nebensatz, der ein Objekt des Hauptsatzes ist (**Leon glaubt, dass es morgen regnet.**)

**Partizip:** Form des Verbs, die für das Perfekt und andere Tempora des Verbs verwendet wird: **Leon ist gegangen.**

**Positiv:** nicht gesteigerte Grundstufe des Adjektivs: **schön**, **gut**, **klug**.

**Relativsatz:** Mit **der/die/das** oder **welcher/welche/welches** eingeleiteter Nebensatz, der ein Attribut zu einem Satzglied des Hauptsatzes ist (**Leon sieht die Sonne, die gerade scheint.**)

**Satzgefüge:** Zusammensetzung von Hauptsatz und Nebensatz, meistens durch Subjunktion oder Relativpronomen verbunden

**Satzklammer:** Die Bereiche für das getrennte Prädikat im Satz: **Leon hat einen Kuchen gebacken.**

**Subjektsatz:** Nebensatz, der ein Subjekt des Hauptsatzes ist (**Dass sich alle gut verstehen, ist für Leon wichtig.**)

**Superlativ:** Zweite Steigerungsstufe des Adjektivs: **am schönsten**, **besten**.

**Tempus** (Plural: Tempora): Zeitform des Verbs: Präsens, Präteritum, Perfekt, Futur I, Plusquamperfekt.

**Verbstamm:** Verbform ohne Endung: **geh-**, **einschlaf-**, **lern-**.

**Vorfeld:** Bereich vor dem ersten Verb der Satzklammer, der genau ein Satzglied enthält: **Leon hat einen Kuchen gebacken.**

# Das habe ich geschafft

Für jede Doppelseite, die
du geschafft hast, darfst
du einen Wegstreifen
ausmalen.

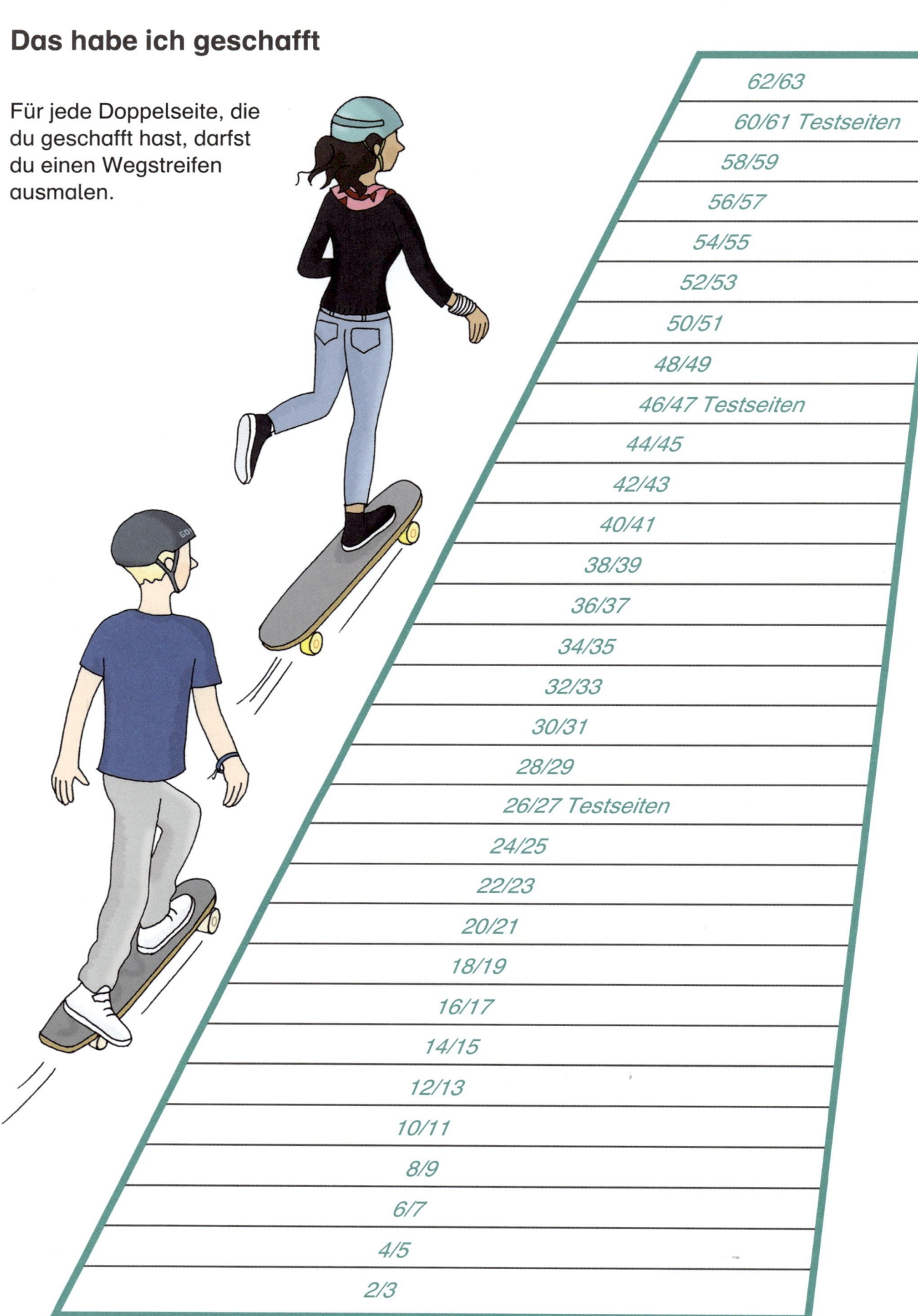

| |
|---|
| 62/63 |
| 60/61 Testseiten |
| 58/59 |
| 56/57 |
| 54/55 |
| 52/53 |
| 50/51 |
| 48/49 |
| 46/47 Testseiten |
| 44/45 |
| 42/43 |
| 40/41 |
| 38/39 |
| 36/37 |
| 34/35 |
| 32/33 |
| 30/31 |
| 28/29 |
| 26/27 Testseiten |
| 24/25 |
| 22/23 |
| 20/21 |
| 18/19 |
| 16/17 |
| 14/15 |
| 12/13 |
| 10/11 |
| 8/9 |
| 6/7 |
| 4/5 |
| 2/3 |